现代电力规划与技术应用

张保国　著

北京工业大学出版社

图书在版编目（CIP）数据

现代电力规划与技术应用 / 张保国著. — 北京 ：北京工业大学出版社，2024.10重印
ISBN 978-7-5639-6745-2

Ⅰ. ①现… Ⅱ. ①张… Ⅲ. ①电力系统规划－研究－中国 Ⅳ. ① F426.61

中国版本图书馆 CIP 数据核字（2018）第 302547 号

现代电力规划与技术应用

著　　者： 张保国
责任编辑： 刘卫珍
封面设计： 点墨轩阁
出版发行： 北京工业大学出版社
（北京市朝阳区平乐园 100 号　邮编：100124）
010-67391722（传真）　bgdcbs@sina.com
经销单位： 全国各地新华书店
承印单位： 三河市元兴印务有限公司
开　　本： 880 毫米 ×1230 毫米　1/32
印　　张： 3.75
字　　数： 95 千字
版　　次： 2021 年 10 月第 1 版
印　　次： 2024 年 10 月第 4 次印刷
标准书号： ISBN 978-7-5639-6745-2
定　　价： 40.00 元

前言
PREFACE

随着国民经济及人们生活对电力需求的不断增长，目前我国的电力网络已日益难以满足负荷增长的需求。为保证今后国民经济的持续发展，除了增建和扩建发电厂外，电力网络的扩建及改造已成为摆在各级决策者面前的一项重要课题。由于电网建设涉及大量投资，决策失误不仅会影响电力系统本身的安全、经济运行，而且会造成巨大的经济损失。因此，提高电网规划决策的科学水平是电力工作者所面临的一项十分迫切的任务。

考虑到电网规划涉及的内容很广而篇幅有限，本书在阐述电网规划基本理论及基本方法的同时，着重对电力网络的负荷预测、网架规划及无功规划等问题进行了详细的论述。作者写作本书力求做到深入浅出，并尽量从工程应用角度来阐述问题。本书可作为高等院校电力系统及其自动化专业研究生及高年级大学生的教材，也可供从事电力系统科研、设计和运行的工程技术人员参考。

本书以电力规划为核心，从工程和实际应用角度介绍了现代电力规划与技术应用的相关知识。全书共五章：第一章为我国电力规划概述；第二章为我国电力短缺原因分析；第三章为市场环境下电力规划新模式；第四章为综合资源规划基本理论，重点介绍了综合资源规划各步骤所要解决的主要问题；第五章为低碳经济下的电力规划相关理论和方法。在撰写本书的过程中，作者参阅了许多专家的教材、著作和论文，还得到国内外有关企业和同行的支持，在此表示由衷的感谢。

鉴于电力规划发展迅速，作者水平有限，书中难免存在不妥之处，敬请广大读者批评指正，谢谢！

作　者

2018年5月

目录
CONTENTS

第一章

我国电力规划概述

第一节 电力规划的概念

一、电力规划的定义

电力系统规划是预见电力系统中潜在的技术和经济问题，以及系统内的不充裕性，建议可能解决的发展方案（例如，增加新设备和线路等）及投资的工作。在决策过程中要考虑技术、经济、社会和环境等诸多因素，研究电力工业与其他部门间的合理比例关系，电力工业内部发、输、变之间的比例关系，电力工业的发展速度、发展规模，电力工业布局，燃料动力平衡，电力工业科学技术进步，电力工业经济效果等重大问题，从而做出长远的、科学的安排。

二、电力规划的特点和分类

（一）电力规划的特点

电力规划与其他规划相比存在着显著的不同点。

(1) 电力是一个产需随时平衡的产业。这使得电力规划必须进行电力平衡作业。电力供需的不平衡给社会带来的后果有时是十分严重的，而电力的需求又是24小时不断变化的。为了满足这种特性，电力工业的产能必须大于需求，超出的部分称作备用。备用小了对社会不利，备用大了又会造成设备利用率下降，造成全社会的浪费，因而电力规划可以说是备用选取的艺术成果。

(2) 目标的多重性。一个合格的电力规划应当包括实现对社会、对政府、对个人的各种目标，如产业增长、满足需求合理利润率、足够的市场份额、对命脉产业的控制、质量与安全、研发与技术进步、环境的保护、企业的社会责任、效率、风险及全社会成本最低等。

(3) 规划边界条件的不确定性。由于电力规划同全社会各种电力需求者、主要的供给条件（一次能源的生产供应、设备的供给、国土、水资源、环境空间等）有着紧密的关联，它们当中的任何一个因素发生变化都会影响到电力规划的产出结果，而且事实上这些边界条件每年都在变动，因而电力规划必须滚动修订，而且滚动的周期相当短，根据近年来的经验，一般1～2年就需要滚动修订一次。

(4) 规划的层次性。电力规划的层次性源于电网的层次性。电网是由各级地区的输电网、配电网构成的，电网安全性分层管理是电力工业自身的客观规律，已经列入各类规范规程，所以规划也要遵循分层分区的原则，但不管怎样分，电网规划必须是统一的。

（二）电力规划的分类

1. 按时间电力规划可划分为长期规划、中期规划以及短期规划

长期规划也叫远景规划，规划期一般为十五年以上至三十年。长远规划是战略性计划，在电力规划中占有特别重要的地位。它的主要任务是确定并解决电力工业发展中的重大问题，如确定电力工业发展的战略目标、战略重点，调整电力生产结构，合理开发和利用动力资源，实现电力生产的合理布局，确定电力科学技术的发展方向，采用重大的技术经济措施，预测用电增长的趋势及电力负荷的构成和分布规律，等等。

中期规划一般为十年到十五年计划。我国过去基本不做十五年以上的规划，故一般将中期规划称为长远规划。中期规划也属于战略性计划，只是在确定战略目标等任务时，比长远规划略为具体一

些，细致一些，明确一些，不确定因素也少一些。

短期规划是指五年计划，其是中长期规划的继续和深入化、具体化。由于这种计划的期限较短，不确定性因素较少，能见度较高，因而可比较准确地衡量计划期各种因素的变动及其影响，可以在人力、物力、财力等综合平衡的基础上将长期规划中提出的各项任务具体化，可以对形成中长期规划中的战略目标的措施做出具体的安排，使中长期计划的执行成为可能。

2. 按电力生产的主要环节电力规划可划分为发电规划和电网规划

发电规划也称电源开发规划。发电规划的目的是根据规划预期的电力需要，在保证规定的供电可靠性条件下制订最经济的新增供电能力计划。发电规划的内容包括负荷预测，电力电量平衡（包括确保规定的备用电量），确定经济合理的电源结构，确定各种形式的发电厂的建设地点和建设时间，调查和落实各电厂的运行条件、与系统的协调以及燃料费用等的影响，选出最佳的电源结构和最佳的电源建设方案。

电能的生产与消费的同时性特点，要求电能的生产与消费之间保持等量平衡。电能从电厂送达用户，中间要经过各个环节。如果其中的某个环节发生障碍，就会破坏电能的生产与消费之间的平衡，整个电力系统的供电可靠性就将受到影响。因此，在做好发电规划的同时，也应做好输电规划和配电规划。没有经济合理的与电源发展规划相适应的电网建设规划，并付诸实践，最佳的发电规划是不能实现的。编制电网规划主要考虑两个因素，即需电多少及地点，电源大小及地点。同时还应了解需求与供电能力随时变化的规律，将两者经济可靠地结合起来。

三、电力规划的主要内容

电力规划的任务是研究分析电力开发的战略性条件，探寻发展规律，提出电力企业远景发展的战略、目标和方针，对电源开发及网络发展做出决策。电力规划是一个系统性工程，牵涉面广。电力规划应在有关设计规程、导则的指导下，在充分调查研究的基础上，根据社会经济发展规划，经过论证比较，形成多方案的电力系统发展规划。电力规划必须进行近、中、远期规划，主要内容包括以下几点。

1. 分析现有电力系统概况

分析现有电力系统规模，电力市场构成、供需状况，电力系统的设备和运行状况，与周边地区电力系统的关系，系统存在的问题等。分析电力工业现状并明确存在的问题，是电力规划的基本出发点。

2. 电力需求预测

电力需求预测是电力规划最重要的组成部分，必须在分析研究电力需求发展、组成及负荷的特性，进行广泛的社会市场调查的基础上，总结分析电力市场发展的趋势及电力消耗的各项主要指标，分析政府提出的社会经济发展规划以及产业结构变化情况，找出与电力需求发展相关的因素和规律，从而得出电力需求预测各项指标。同时，必须预测所在系统的电力负荷特性，进行分区电力需求预测。电力需求预测必须有多方案的预测结果，以适应发展的不确定性。国民经济各部门及人民物质文化生活对电力电量的需求的不断增长是电力工业发展的基本推动力，也是电力工业发展的基本依据。因此，准确地预报用户对电力电量的需要量及其特性，是电力规划的基础工作。

3. 电源规划

电源的种类、分布、特性及规划方案直接影响到电网规划方案，以及系统运行的可靠性、稳定性和经济性。电源规划应根据电力需求预测结果，对规划的全区及分区进行电力电量平衡，在考虑满足电力需求和系统安全、稳定、经济运行的前提下，根据自身能源状况进行电源规划。同时，根据相邻地区的资源状况，从资源优化配置的角度出发，论证区域间电力交换的可行性和数量，从而提高社会整体效益和企业的经济效益。电源规划必须进行多方案优化，以实现区域资源最大优化效益。

4. 电网规划

电网是实现电力供应的重要环节，主要包括输电网和配电网。合理、强大的电网是发电、输电、用电顺利进行的根本保证。电网规划必须根据电源分布、负荷分布、区域间功率交换、设备供应、技术条件、建设条件、资金供应的因素来规划网络结构，在进行多网络结构方案技术、经济比较的基础上，提出经济可行、满足需要的电网规划方案。

5. 联网系统

考虑与周边系统联网的可能性和实施方案，通过不同地区负荷自然互补特性，降低系统整体备用容量，节约投资，以提高系统运行的抗风险能力和整体效益。

6. 大中型电厂发电机组的选择

应优先考虑安装大容量的机组。随着电网的扩大，以及系统用电结构和用电方式的变化，系统中峰谷差越来越大，因此，调峰问题越来越突出，在电力规划中也应注意调峰机组的安排。

7. 制订节能规划

在电力规划中因地制宜地对现有中、低压机组的改造做出安排也是电力工业内部节能的一个主要方面。

8. 一次能源和设备供应

电力生产需要大量一次能源，主要有煤炭、油、气、核原料等，应根据电源结构及能源供应市场，对能源供应做出平衡、规划。同时，分析能源条件和交通运输条件，针对国内外电力设备供应状况、价格、资金市场，对设备供应做出评价。

9. 环境评价

电力工业同样产生污染，必须对电力发展所造成的对环境的污染做出研究和评价，采取必要的措施，使之符合可持续发展战略政策。

10. 资金筹措和经济效益评价

估算电力发展所必须投入的资金，提出规划期内的资金流；对电力发展做出比较详细的经济效益分析和评价，预测电价。

11. 人力资源规划

人是社会发展的主体，电力系统的不断发展需要大量的管理、技术人才。根据电力规划方案，提出企业对各种人力资源的结构、需求和配置方案，考虑人才储备和培训。

四、电力规划的编制原则

电力规划编制的主要原则：电力发展规划应遵循科学、客观、全面、合理、经济、可操作、满足社会经济发展和人民生活需要、与社会各行业协调发展、满足技术规程要求、有利于运行管理、适度超前的原则。电力规划必须进行近期、中期和远景规划，做到近细远粗、远近结合。近期规划是解决问题，远景规划是发展问题。在分析当前规划工作存在的问题和吸收借鉴国外先进经验的基础上，强调加强电力市场的调查分析和预测工作，为积极开拓电力市场服务；强调坚持全国、区域电力资源优化配置的原则；贯彻节能及重视环保的精神；强调坚持可持续发展战略；强调电力工业结构调整优化；强调坚持并不断完善“大家办电厂，国家管电网”的原则，加强项目资本金制度，采取以合理融资模式为重点的投融资规划；强调加强规划期电价预测分析工作；强调加强规划的管理工作；强调加强综合评价等。

（一）电源开发规划的程序

(1) 资料的收集和论证。主要是厂址、发电能源及用户用电资料的收集（调查研究）和评价，并进行电力负荷预测。

(2) 确定供电能力。根据用户用电需要及电力系统的备用要求，提出电力系统必须具备的供电能力（或发电能力）。

(3) 电力电量平衡。电力电量平衡包括能源供需预测、电源结构论证以及发电项目和主要输电项目的技术经济论证。

(4) 提出各种可能的电源开发方案，根据规划地区内的动力资源条件及电厂厂址条件提出各种可能的电厂建设方案。

(5) 资金与经济效益评估。对各种可能的电源开发方案进行经济性评价。这种评价包括投资估算、年经营费用计算，以及技术经济效果指标的计算，并对各种方案的经济性指标做对比分析。

(6) 确定最佳电源开发规划。最佳的电源开发规划包括满足用户用电需要、保证供电可靠性、与整个电力系统配合、注重能源的使用及效率、对环境的适应、对电力系统开发的适应及经济效果指标等方面均是最佳的。

（二）电网规划编制程序

传统的电网规划的依据有三个：一是规划期间的负荷增长及电源规划方案；二是作为技术依据的《电力系统安全稳定导则》和《电力系统技术导则》等；三是规划目标，即以电力建设和运行费用最小为目标。

1. 原始资料的收集和论证

主要工作为地区用电需求预测规划等，一般须具备以下一些基础资料和数据。

(1) 规划年度负荷预测资料，包括负荷总水平、分区及分变电所的电力电量预测数据以及必要的负荷特性参数。

(2) 设计年度电源（现有和新增）情况，包括厂址位置、装机容量、单机容量和机组类型等。对于水电厂，还应有不同水文年发电量、保证出力、受阻容量、重复容量、调节特性等。

(3) 现有电网（包括在建和已列入基建计划的线路和变电所）系统图和有关参数，包括电压等级、网络结线、线路长度、导线型号、变电所主变压器的容量和台数等。对于规划网络的发展情况，主要包括可能架设新线路的路径、长度，变电所扩建和待建变电所所址资料，施工建设条件等。

2. 制订连接系统规划

根据电源和地区负荷分布及线路，在制订电网规划时必须满足一定的技术标准。我国电网规划依据的技术标准主要是《电力系统安全稳定导则》和《电力系统技术导则》，这些技术标准属于强制性标准。

3. 环境条件分析

(1) 确定供电薄弱环节。供电薄弱环节主要是指原有线路的送电能力或原有系统的设备容量不能满足供电地区的用电需要，或出于用户用电量的增加及电源发电能力的提高，原有系统难以适应这种变化，必须对原有输电系统进行更新改造。

(2) 确定不经济的设备退出运行。原有系统中的某些设备尽管还可以满足供电的需要，但由于设备已经老化，或者由于效率太低、损失过大、运行费用太高，应该及时更换新设备。

(3) 确定因社会环境条件变化而必须改建或迁建的送变电项目。由于城市的建设规划、道路建设、公共设施的建设以及美化环境的要求，需要改变原有的电力系统中的某些元件的配置（包括线路定向和变电所布置），对已经规划但未建设的系统设施重新做出安排。

4. 制订规划方案

提出的各种送变电规划方案既要满足系统供电要求，又应力求技术上先进。

5. 技术经济评价

(1) 社会环境的适应性。分析方案是否满足社会环境方面提出的要求，并确定其满足的程度。

(2) 供电可靠性。分析各可行方案是否能满足规划地区的供电可靠性要求。

(3) 运行维护条件。各方案是否运行方便、灵活、便于调度。

(4) 供电质量。分析各方案的投资和经营费用情况，并对各方案的经济效果指标进行计算、分析和比较。在综合分析和比较的基础上选出最佳的送变电规划方案，使电力建设和运行费用最小是规划要达到的目标。在实际规划时通过多个方案的技术经济比较，选择技术经济综合性能最好的方案。

（三）电网规划方法

电网规划方法一般可分为常规法和优化法两种。在实际工程中以常规法为主，优化法仅作为辅助性手段。电网规划的常规法是项目比较法，包括方案形成、技术性能检验和方案比较三个步骤。

1. 方案形成

方案形成阶段的任务是根据负荷水平、电源分布和输电容量及输电距离，拟订几个可比的网络方案。

2. 技术性能检验

根据《电力系统安全稳定导则》和《电力系统技术导则》，对已形成的方案进行技术性能检验。其中包括系统潮流计算、调相调压计算、系统稳定、短路电流、工频过电压、供电流计算，等等。通过技术性能检验，将不能满足要求或性能明显差于其他方案的候选方案剔除。

3. 方案比较

通过方案的技术经济比较，选择出综合性能最佳的方案。

第二节 我国电力规划的法规、规章

在我国，电力规划方法分为国家规划和企业规划，编制国家计划是政府部门的职责，因而必须依照政府的规定进行。

一、进行市场化改革前的规划管理

在我国，经济和社会发展规划是由国家发改委负责的，从规划体系的结构来说形成了全国的规划纲要——专项规划和地区规划这样的双线体系。电力规划属于专项规划，是整个规划体系的主要组成部分。由于国家发改委并未形成规范的电力规划的规章，因而产业部门出台的有关规章成了编制产业发展规划的基础性文件，包括电力规划制定的基础《中华人民共和国电力法》以及原电力工业部关于电力规划的编制曾下发的一系列文件。

二、进行市场化改革后规划工作的变化

2002 年 2 月国务院颁发文件，对电力工业体制实施改革。这次改革重组了我国电力工业，中央层面形成了直属国资委的五个跨地区的发电集团、两个电网公司、四个辅业公司，加上之前已形成的

神华、三峡、国投、华润，两个从事核电开发的集团等，中国电力产业形成群雄并踞的格局。

电力规划是一项非常复杂的系统工程，其复杂性突出地表现在其具有规模大、不确定和不精细因素多、涉及部门和专业领域广的特点。电力规划工作不仅需要大量有关社会经济发展的历史数据及其分析，还需要对电力供需现状进行深入的调查，同时亦要对社会经济发展有比较全面的认识和准确的把握。在市场经济条件下进行电力规划与计划经济体制下的思路和方法有明显的差异。市场经济条件下的电力企业，以追求企业经济效益最大化为目标，充分考虑投资回报，特别是电力体制改革后，随着厂网分开，电源规划和电网规划协调统一显得尤为重要。因此充分发挥市场对资源配置的决定作用，确保电源、电网、地方经济的协调性、安全性以及水电、火电、核电和新能源结构的科学性和合理性等，对电力规划提出了新的要求，迫切需要电力规划者拓宽规划思路，进行规划设计思想观念的变革。

电力规划编制的总体指导思想是：微观层面上，充分信任市场配置资源的决定作用，通过电价改革，尊重每个市场主体理性决策的权利，让市场的归于市场。宏观层面上，则应着眼于长远，充分了解我国资源禀赋及国民经济可持续发展对电力的需求，从一时的供需波动中有所超脱，即“让市场的归于市场”“让规划回到规划”。

市场经济条件下电力规划编制的总体原则应是在国发5号文件的原则规定下，加强市场经济条件下的规划工作，具体如下：

（一）进一步明确规划目标

电力工业发展的目标是实现以最经济的方式向用户提供数量充足、安全可靠、质量合格、价格合理的电力商品和服务，满足国民经济发展和人民生活水平日益提高的需要。电力发展规划的目标是在更大范围内进行资源优化配置，从长期、全局和战略高度对市场需求、电源供应、电网结构、投资结构、环境保护等进行优化，为实现电力工业的可持续发展，实现电力工业发展的目标做好基础工作。无论是市场经济还是计划经济，规划工作的目标应是相同的，发生变化的只是规划工作的作用、体制、方法等。

（二）正确理解规划作用的变化

在计划经济时期，规划的作用无疑是至高无上的，是指令性的，政府及有关电力部门等严格按照上级制定的规划建设电源与电网，下级没有必要或者说没有动力去考虑市场需求等因素的变化。市场经济条件下规划的作用显然不再可能是指令性的，这不符合建立市场经济的目的，也不符合市场经济运行的基本原则。第一，市场经济是以需求为导向的经济，电源、电网建设必然要通过电价这一杠杆的调节。第二，市场经济要求市场的参与者是具有自主经营、自负盈亏、自我约束、自我发展的法人实体，电力建设项目的决策也必然将是分散的，市场投资者必须能自主决定是否建设，何时、何地建设及建设何项目，市场经济条件下的规划只能是更大范围资源优化配置的基础，市场投资者自主在规划范围内进行选择，政府只能通过制定法律和政策，引导投资者按规划方案实施。

第三节　我国电力资源供需区域分布与输送

一、我国电力需求分布状况

近十年来，我国电力需求始终保持着增长态势。2015 年全国全社会用电量达到 49591 亿 kW · h，较 2014 年增长 5.46%。电力需求的增速有所放缓，下降至近十年来的最低点。电力增速放缓主要受国际经济低迷、国内产业结构调整、夏季高温天气较少以及南方地区拉闸限电等因素的影响。

（一）电力需求总量分布

电力资源是经济发展的重要支撑，因此，我国各省市的电力需求水平与其经济总量水平相一致，经济总量越高的省份，其电力需求也相对越高。我国负荷中心与经济中心的分布基本吻合，主要分布在华北、华东以及南方地区。然而，这些地区电力资源蕴藏量，尤其是煤炭资源，相对于其他区域而言并不丰富，需通过远距离的煤炭或电力输送来实现其区域内电力供需平衡。

（二）电力需求增长分布

尽管我国电力需求主要集中在经济发达的省市，但从用电需求的增长率来看，用电增长较快的省份主要位于中、西部地区，这主要受中、西部工业快速发展的带动。

二、跨区域电力资源配置状况

基于我国电力资源的分布现状与产业结构调整发展趋势，能源生产重心将进一步向西部与北部偏移，但是电力负荷中心仍将长期保持在中东部地区，能源流向的规模与距离可能进一步增大。从输送介质来看，电力的跨区域平衡主要包括输煤与输电两种模式。现阶段，我国电力资源的跨区域配置仍以输煤为主，但随着远距离输电技术的发展，输电的比例正逐步扩大。

（一）输煤网络输送能力与规划

我国已经形成了由铁路、公路与水路组成的煤炭运输网络。其中，铁路煤运量占总煤运量的70%左右，同时铁路煤运量占铁路货运总量也达到40%。由于煤炭资源与需求中心的逆向分布，煤炭铁路运输形成了若干自北向南、由西向东的运输通道。

煤炭公路运输主要集中在山西、内蒙古等煤炭产量较高的地区。从经济性的角度来看，煤炭公路运输并不适合远距离作业，但由于过去我国铁路运力不足，公路运输成为煤炭铁路运输的重要补充。而近两年来，由于煤炭需求不足，煤炭价格持续走低，煤炭公路运输的压力减缓。

煤炭水运主要包括河运与海运两种模式。河运主要是通过长江或者运河将西部、北部的煤炭运往华东和沿途港口；海运则主要将北方中转港口的煤炭运往华东、华南沿岸的港口。

（二）输电网络输送能力与规划

在煤炭铁路运输紧张的形势下，加之特高压输电技术渐趋成熟，远距离跨区域输电已经成为电力资源跨区域优化的重要途径。自从第一条特高压输电线路——晋东南—南阳—荆门 1000 kV 特高压交付运营以来，我国正逐步形成纵横交错的交、直流特高压输电网络。

我国跨区跨省电力交易近年来一直呈现快速增长态势，其增长速度要高于全社会用电需求的增长速度，也就是说全社会用电量中跨省供应的电力比例正逐步上升，输电模式在我国电力资源跨区域优化配置中的地位逐步提高。

（三）输煤与输电模式的对比

输煤模式与输电模式的比较是我国能源发展战略的热点问题，其比较主要围绕经济效益、输送能耗、占地面积、环境效益等角度展开。

(1) 经济效益。输煤与输电的经济效益孰优孰劣受送端与受端煤价差、运输通道距离等因素的影响。在送端与受端煤价差固定的情况下，输电价格低于价差时优先输电，否则优先输煤。

(2) 输送能耗。无论输煤还是输电，在输送过程中都会产生一定的损耗，但其损耗形式有所区别。输煤损耗主要是煤炭运输过程中的自然损耗以及输送煤炭列车能耗；而输电损耗主要是输电设备与线路的电能消耗。煤炭的热值越低，输煤的能耗越高，输煤效率则相应降低。研究表明：煤炭热值低于5300 cal/g(1cal=4.1868 J)，应优先发展输电。以蒙东地区为例，其煤炭资源主要为褐煤，热值相对较低，应该优先就地转化，通过输电的形式将能源输出。

(3) 占地面积。输煤通道将直接占用走廊沿线土地，宽度约为40m。输电模式下塔基及变电站的占地面积较少，但是输电走廊的用地性质将受到限制，而且输电通道沿线的电磁污染一直备受争议；如果将这部分备受争议的用地纳入输电线路的占地面积，那么输电模式的占地面积将是输煤模式的10～20倍。

(4) 环境效益。环境效益的对比可以从燃煤机组的节能效益、清洁能源的利用水平以及发电排污的承托空间三方面展开。

①燃煤机组的节能效益。输煤模式发电机组位于受电区域，而输电模式发电机组则位于送电区域，一般而言，送电区域水资源相对匮乏，机组为空冷机组，其煤炭消耗水平相对于水冷机组高5%～6%。从这一层面来看，输煤模式相对于输电模式更有优势。

②清洁能源的利用水平。水电与风电等清洁能源主要位于西部或者北部的送电区域，输煤模式并不能将清洁电能输送至受电区域，反之，通过输电模式构建跨区域输电线路可以扩大清洁能源的消纳范围，从而提升水电与风电的利用水平，减少弃水与弃风，促进西部、北部大型清洁能源基地发展。从清洁能源利用的层面看，输电模式要优于输煤模式。

③发电排污的承托空间。与燃煤发电区域相对应，输煤与输电模式的温室气体与污染气体的排放区域分别位于受电区域与送电区

域。位于电力受端的东部地区人口密集、经济发达、减排力较大，东部地区排放温室气体、污染气体所造成的经济损失远大于西部地区。因此，从发电排污承托空间的角度看，输电模式可以在一定程度上缓解受端地区的减排力。

综上所述，输煤模式与输电模式互有利弊，其优势与劣势受空间、价格、污染等因素的影响。然而，输煤与输电并非零和关系，并非必须二选其一。输煤模式在长时期内仍将是我国跨区域能源优化配置的重要途径，而输电模式可以扩大西部地区清洁能源的利用效率，降低受电区域的污染排放，是缓解输煤压力的有效补充，随着远距离输电技术的发展，输电比例将逐步提高。总而言之，输煤与输电是相辅相成的有机整体，只有协调发展输煤与输电才能有效解决中国能源与负荷逆向分布的矛盾。

三、跨区域资源配置主要影响因素

（一）能源布局

跨区域资源配置的目标在于通过对能源流向与流量的控制缓解供给与需求区域布局不一致的矛盾。因此，实施能源跨区域配置的本质原因在于能源与负荷的逆向分布，能源布局也就成为资源配置优化问题的首要约束条件。能源布局对跨区域资源优化配置的影响由能源类型、能源规模、能源空间共同决定。不同的能源类型具有不同的投资规模、生产效率、排污水平以及可靠程度等特性，这要求跨区域资源优化配置中需根据其特性、规模以及地理位置实现统筹协调，保证能源系统的可靠性、经济性以及环保性。

（二）输送成本

无论输电还是输煤模式都无法回避输送成本的问题，输送成本是跨区域资源配置体系中的价值传递纽带，输送成本的高低影响跨区域资源配置的输送规模与经济性。在能源跨区域规划配置初期，输送成本将影响电源基地的开发建设次序，影响输送通道类型、容量的投资决策；另外，过高的输送成本将提高受端区域能源使用价格，降低受端用户能源使用的意愿。

（三）土地资源

土地资源对跨区域资源优化配置的约束反映在输送通道与电源点的土地资源占用上。关于输送通道的土地资源占用，输煤与输电占地的比较备受争议，但可以肯定的是沿线的征地成本都是制约能源输送的重要因素；而关于电源点的土地资源占用，送端地区与受端区域在可开发土地存量与土地利用成本上均存在差异，这种差异将约束电源点的建设，进一步也将影响输送通道的建设。

（四）环境政策

我国正积极推进节能减排政策，电力工业则主要通过提高发电效率与增加清洁能源发电比例的方式落实相关政策。清洁能源主要位于西部地区与北部地区，增加清洁能源的消纳比例需要提高本地的消纳能力，但西部地区与北部地区的消纳能力有限，鉴于此，可以通过建设输电通道将清洁能源与火电打捆外送，提升清洁能源的消纳能力。跨区域资源配置能够提高清洁能源的利用水平，因此，节能减排政策将是跨区域资源优化配置的重要推动因素。另一方面，中国碳交易市场正处于试点阶段，随着碳交易在全国的推广，区域间的价差也将成为跨区域资源配置的有利因素。

第四节　我国现行电力规划存在的问题及分析

一、电力规划视角过于狭窄

电力是一个与经济和社会发展关联度极强的产业，各个行业都离不开电，电力应用的程度已成为社会进步的一个重要指标。同时，电力也受许多因素的制约。由于电力工业复杂的社会性，对电力行业的规划还未能全面综合的考虑以及电力与环境保护、土地资源、设备和一次能源供应、资金筹措、人力资源管理等的密切联系。因此，电力规划还应拓宽视角，具体来说应考虑以下内容。

（一）环境生态的交互影响

在环境生态影响方面，目前我国对能源资源、社会环境的研究不够，科技创新能力不强，技术经济水平仍然偏低，电力环保问题日益突出。电厂的建设和运行增加了废气、废水、灰渣的排放，产生噪声（火电），对环境造成一定的污染，也可能造成居民的迁移（水电、核电），这些问题需要通过电力规划进行统筹考虑，并在遵循可持续发展战略的基础上发展电力工业。

此外，环境影响评价体系不健全，体现在不能很好地量化节能、节水、节地以及节约其他各种资源和尽量减少污染物排放量这两个方面。在战略环境评价中，缺少反映环境与社会、经济相互影响后果的综合性指标体系。指标体系的不完善必然导致战略环境评价内容的不全面，使评价结果显得空洞而没有说服力，最终阻碍战略环境的实施效果。

（二）电力与其他能源的替代关系

我国的电力消费比美国要多消耗 20% 的能源。虽然我国的电力规划正致力于整治能源浪费的现象，但由于在今后的电力工业生产中仍将大量消耗煤炭，这增加了治理的难度。我国能源利用效率还处于较低水平，提高效率任务很重。水电和核电仍具有很大开发潜力，以风能、太阳能等新能源作为替代能源的潜力巨大，亟待发展。

（三）全社会的用电方式、用电结构及单位消耗对电力的影响

把需求侧管理技术引入能源规划中，即把在需求侧减少的电能消耗量和降低高峰电力负荷需求量，视为一种“新的资源”参与电力规划统筹研究。这需要综合调整居民用电方式、用电结构和电价制度；必须更新观念，树立以效率和效益为基础的用电管理新思维，在法制化管理、政策性鼓励、商业化运营、指导性服务等方面，向有利于需求侧管理实施的方向发展。

（四）电力规划没有考虑其他社会目标，忽略了与社会全面进步相联系

输电线路的建设占用了大量的土地，与城市的发展存在矛盾，需要彼此协调，将电力规划列入城市发展规划中；电力系统的运行可能产生一定数量的电磁波、谐波等，对家用电器或电子产品产生一些不良的影响；另外电力的建设和运行需要大量的资金、设备和一次能源供应、人力资源等，需要与整个社会协调发展。我国电力规划应充分考虑其他社会目标，如实现资源多样化、降低供应与价格风险、推动特定地区的经济发展、加强国家安全、降低医疗费用、减少煤矿伤亡事故、节约用水及降低水污染控制成本。

（五）电网发展与分散电源发展的取向影响

在电力产业内部，电源投资增长速度与电网投资增长速度还不协调。随着电力短缺局面日益严重，电源投资呈现快速增长态势，

在此情况下，如果不做好电网规划、增大电网投资力度，就可能出现有电送不出的尴尬局面。从电源结构看，目前的投资中火力发电比重偏大，占总量的74%。而水电、核电等清洁能源的投资力度过小，水电占24.5%，核电、风电只占到1.6%。

电网与电源发展不协调的矛盾突出表现在以下几个方面：一是现有500 kV跨区同步互联电网联系薄弱，输电能力严重不足，大电网的优越性难以发挥；二是区域电网之间水火互济和跨流域补偿能力明显不足；三是现有电网难以满足远距离、大容量输电的需要。由于现有500 kV电网输电及支撑能力不强，西部、北部的电力难以输送到负荷密集的中、东部地区，造成中、东部地区不得不大量建设煤电项目，这加剧了煤炭供应和交通运输紧张的局面，降低了能源配置效率。

二、结构、消耗、环境的调整力度不大，效果不明显

电力工业内部结构性矛盾突出，主要表现在：一是电网建设滞后于电源建设，电网结构，特别是城乡电网薄弱，电能耗损大，农村电价高；二是电源结构不合理，表现在水电开发力度不够，特别是调节性能好的水电站比例小，小机组比例过大，核电、优质能源发电和新能源发电比例太小；三是电网峰谷差增大，调峰能力不足。因此，我国电力今后结构调整的任务十分繁重。

我国的电力规划并没有完全将需求侧的能效方案认定为增加供应的替代方案。很多相关研究都表明我国具有很大的能效潜力，尽管一些需求侧的方案已经获得投资并得以实施，但是对这些方案的重视程度却不及供应侧方案。供应侧和需求侧方案分别处于不同的部门或机构的监管之下，方案缺乏协调性与一致性。研究显示，江苏省建设首个30万kW能效电厂所用的时间将少于建设相同规模常规发电厂的时间，具有无污染排放及无耗水量的特点，其平均成本

为0.15元/kW·h，不足常规发电厂成本的一半。但是现实情况是那些成本高且污染性强的项目很容易获得批准，而这种规模大、成本低且无污染的项目却面临层层阻碍。显然，这种做法不符合科学能源规划的精神。现行的规划方法忽略了能效电厂在我国能源需求中所起的作用。

同时，我国的电力规划没有充分考虑环境成本。我国在解决环境问题上已经付出了巨大努力。尽管环境法规更加严格，污染处罚力度更大，执法效率更高，但是仍有许多方面尚待提高。我国的环境问题依旧十分严重，甚至有恶化趋势。能源消耗量的快速增长已经导致我国距离其环境目标越来越远。

从各地区电力行业的大气污染经济损失来看，东部地区电力行业造成的大气污染经济损失最大，达400.8亿元，占总电力行业大气污染经济损失的60.5%；中部次之，电力行业造成的大气污染经济损失为164.0亿元，占24.7%；西南、西北地区电力行业造成的大气污染经济损失仅分别占总损失的11.2%和3.6%。造成东部地区电力行业大气污染经济损失大的主要原因有两个：第一，东部地区国内生产总值（GDP）高于中西部地区；第二，东部地区人口基数和密度都高于中西部地区。因此，虽然东部地区的大气环境质量略好于中西部地区，但是由于东部地区的经济和人口总量大，大气污染对东部地区造成的经济损失仍远远高于中西部地区。

三、经济效益长期徘徊于较低的水平

经济效益分为投资效益和运营效益。目前电力项目投资决策与市场变化脱节，先定项目后定市场的现象普遍存在。许多项目中不讲投资效益，只管借钱，不管还钱；只管上项目，不管竞价上网是否有竞争力；项目可研报告中对效益分析和防范风险的措施太粗、太简单。

通过对电力体制改革前后技术效率和经济效率的考察，我们发现电力行业的各项技术指标有了较好的改善，呈现出提高的趋势，但经济效率指标改善不明显。

四、地方电力规划中存在的问题

（一）电源规划未考虑全局利益

近年来小水电的建设高速发展，需要投入大量资金。一些地方为了降低融资门槛、推进招商引资和维护地方利益，将电站规划容量由大化小，将调节性能由大化小、由小化无，降低了流域水能资源的利用效率和地方电网的负荷调节能力。众所周知，水力发电最大的劣势是发电能力受天然来水的制约，峰枯矛盾大；尤其是径流式电站占绝对比重的地方水电网络，丰水期“弃水”，限制出力，枯水期限电或购电的情况较普遍。把水电站的调节库容减小甚至砍掉，将加剧地方电网的峰枯矛盾，削弱电网自身进行电量平衡的潜力。因此，坚持因地制宜地建设有调节能力的水电站，对提高地方电网的供电能力和经济运行指标有着深远的意义。

（二）电网规划不合理，建设滞后

部分地方存在着以行政命令代替规划科学性的不合理现象。一方面是规划浪费：有的输电线路建成后的长期负荷率低于10%，有的变电站投产后无负荷分配。另一方面是建设滞后：有的地方由于输电线路滞后，电站建设无施工电源，使工程进展缓慢，也增加了建设成本和施工难度；有的电站建成之后等待输电线路的架设，故只能利用原线路的有限输送能力做有限运行；有的线路规划工作不细致、不到位，线路新建投运不到一年就出现超负荷情况，形成电力输送的瓶颈，为了保证线路的安全运行，不得不限制电站的出力，造成“电站有电送不出，用户电能不够用”的尴尬状况。

（三）电力建设的技术力量不足

近几年地方电力的发展速度惊人，有的县一年的在建电力项目就超过了七十个，电力建设的速度是前几年的几倍甚至是几十倍，电力建设的技术力量严重不足。由于水电建设项目多处于偏远山区，交通不便，加之地方电力在监管体制方面的不完善，有的电力建设项目业主按照自己的经验“想当然”建设，出现了无设计、无验收的建设项目，甚至有的地方产生了“四无水电站”项目，导致工程建设质量无法保证，同时也埋下了重大的安全隐患。

五、未能与电力市场监管决策紧密挂钩

电力部门改革与发电市场设计也未引入科学能源规划的原则，规划过程的监管力度不够。电力市场是配置资源的场所和方式，电力规划是资源配置的方式，两者有着十分紧密的关系。但迄今为止，电力规划是一项政府行为，电力项目的批准需要政府做出决策并履行一定的法定核准（批准）程序，因而可以说新增加的电力供给还不能实现市场配置，充其量是存量资产的产出，是可以由市场来配置的。现在进行的市场化改革中的电力市场，没有考虑科学电力规划的一些原则。这主要因为：

（1）在科学电力规划中环境因素的影响——折价办法还没有出台，市场难以定量地进行规划设计。

（2）可再生资源一方面实行价格补贴，另一方面又因其特性不优，市场难有更好的办法刺激它的使用。

（3）虽然从法规制度上确认了电力监管机构对电力规划的制定、实施参与并执行监督职责，但在实际工作中参与度和监督力度都是不够的。

第二章

我国电力短缺原因分析

我国是仅次于美国的世界第二大电力生产国和消费国。新中国成立后，我国经历了大规模的电力短缺和电力过剩的时代。20世纪50年代，我国首次出现了电力供需平衡。20世纪60年代，我国经历了长时期的电力短缺，至1986年短缺量超过了总发电量的20%。1997年我国的电力供需再次达到平衡，到1999年电力过剩约10%。我国受到积极财政政策和扩大内需政策的拉动，经济快速增长，电力需求持续高速增长，电力供应能力增长不足，出现了总体偏紧态势。

电力是一种特殊性商品，连年不断的电力短缺已经影响到了人民的正常生活和生产，不可避免地，电力短缺必将对我国经济产生重要的影响，也必将影响到社会的稳定性和对外投资环境，本章将对这一问题进行简要分析。

电力短缺是指在某一价格水平下，买主愿意购买的电量大于卖主愿出售的电量的一种状况。就短期局部的缺电情况而言，对于发电侧的发电厂来说可以采用增加设备利用小时和开启备用机组等方法来增加电力供给，以满足电力需求。在备用容量不足的情况下，若电力需求增长强劲，则会造成电力供给持续低于电力需求，这就是我们通常所指的电力短缺。

电力短缺本质上就是电力市场的供给和需求失衡，即经济学所说的非均衡现象中的供给小于需求时的状态。出现短缺一般有以下两种基本情况：第一种情况是需求处于基本正常增长，但供给未能适应需求增长而出现较大缺口；第二种情况是需求出现较大幅度的非正常增长，供给仍然按照正常情况增长。电力短缺产生的原因不管属于哪种情况，若要从非均衡状态走向均衡状态，一般来讲可通过两种调整机制；一种是价格机制，另一种是数量机制。价格机制是指通过价格杠杆的调整作用，在电力供求失衡时，通过电价自动调整调节供求关系，直至最终使得供求自动平衡。数量机制是指当电力供求出现缺口时，价格本身或由于信息不对称，或由于其他不确定的原因而不能迅速变化使两者达到均衡状态，因此当电力供需市场出现非均衡情况时，在价格基本不做调整的情况下，可通过依靠供求双方的数量调整来实现均衡，即一方增加供给数量，而另一方压减需求数量。在电力短缺情况下，需求者的需求数量在约束下通常不能完全实现，最终表现为配额均衡。

第一节　电力消费环境分析与我国电力改革

一、我国电力消费环境分析

当前我国经济已经形成买方市场，一般工业品和消费品生产能力过剩，经济结构调整和经济转型将经历一个较长的时期，加上世界经济结构调整步伐加快，传统的产业结构将发生很大的变化。因此，未来我国电力工业发展在保持适度增长的同时，必须转变电力消费增长方式，实现从重视数量扩展到重视质量和效益的转变。当前，世界经济发展的知识化和网络化趋势对电力工业发展的影响不断扩大，以互联网为基础的网络经济的作用也越来越大，加强技术创新，发展高新技术，实现产业化，推动社会生产力跨越式发展是我国未来发展的重大任务。为此，针对当前我国电力消费环境所面临的形势和任务，我国电力工业必须加快两个根本性转变（一是经济体制从传统的计划经济体制向社会主义市场经济体制转变，二是经济增长方式从粗放型向集约型转变），加快技术创新并加强其在结构调整中的贡献作用，建立和发展电力工业信息网络和知识体系。

第一，发展的有利条件。

在当前经济一体化过程中，随着我国对外开放进一步深入，特别加入WTO后，我国经济必然快速融入全球经济一体化进程，对国际经济的依存度将进一步加大。电力工业的发展面临着很多优势条件，这种趋势要求我国电力行业必须打破单纯依靠国内资源和国内市场的束缚，充分利用国内、国外两种资源、两个市场，从经济利益和比较成本出发，选择最经济、最安全的电力供应，努力开拓国际市场。

（1）从1978年到2015年我国经济连续38年保持高速增长的态势，平均每年的经济增长速度达到9.3%，2015年同1978年相比，经济规模增加了近17倍。经济高速增长的惯性十分强劲，经济快速增长的同时会拉动电力需求的快速增长。

（2）基础设施条件继续改善，交通、水利、通信、能源等的供给能力增强，物质要素的丰富将对电力消费的增长起促进作用。人力资本因素方面，我国有7亿劳动力，劳动力供给充裕，教育环境不断改善，居民整体素质不断提高，整个国家向信息化、城市化和市场化的推进还将全面促进生产力水平的提高，势必会推动经济持续、高速增长。

（3）我国中等收入阶层快速增长，这将是一个潜在的庞大消费群体。根据有关权威人士的预测，在未来的10年内，我国将有4亿到5亿人达到中等收入水平，如果这样，我国的消费能力将高于美国，成为全球最大的产品市场和消费市场，我国消费能力的快速增长将成为推动经济增长的巨大动力。

（4）人均国内生产总值反映了一个国家的富裕程度和人民生活水平的高低，我国的经济总量与人均国内生产总值在国际排名上差距很大。这一巨大的差距给我国经济增长提供了很大潜力，随着人均收入的提高，我国的消费水平将稳步增长，这必将推动电力消费的稳定增长。

(5) 城乡之间，东西部地区之间差距较大，但正是这个差距激发了经济增长的巨大潜力。我国居民消费结构正发生变化，自2001年以来以住宅、汽车为主，以家居装饰、高档消费品、电子通信产品及旅游为辅的新一轮消费浪潮正在逐渐形成，为电力消费的快速增长提供了必要条件和先决条件。

(6) 国际制造业转移，在今后20～30年中，我国将仍然维持低成本劳动力优势，吸引世界制造业不断向我国转移。在今后很长一段时间里，我国2.5亿农村剩余劳动力需要向城市产业部门转移，这将使我国具有长期保持较低劳动力成本的优势。因此，世界制造业向我国的产业转移持续时间，将比其他地区要长得多，这将为经济和电力消费的快速增长提供更大的扩展空间。

第二，发展的限制因素。

由于多年来的重复建设和低水平扩张，产品生产能力超过了正常需求，自20世纪90年代中期以来，我国大部分商品出现了供大于求的现象，充分反映出现有产业结构的低水平、低含量，产品的国际竞争力不强，已与逐渐发展变化的需求结构形成尖锐矛盾。生产结构仍未摆脱对基础工业的过分依赖，生产过程中能源、原材料消耗高的产业低度化现象普遍存在。

(1) 虽然我国拥有比较丰富的煤炭资源，但由于人口众多，人均能源资源拥有量严重不足，人均煤炭可采储量不足100 t，约相当于世界平均值的1/2。有数据表明，到2020年，全国发电装机容量将达到10亿kW，也就是说未来15年内将净增5亿kW，届时国内电煤供应预计只能增加5亿t，发电用煤供应将出现不足。尽管我国的电源结构正向着包括火电、水电、核电、可再生能源（风能、太阳能）发电的多样化方向发展，但由于我国以煤炭为主要一次能源，在可以预见的将来，我国的电源构成仍将以燃煤火力发电为主。从长远来看，未来随着我国电力工业经济发展的预期扩张，对火力发电用煤的需求将有较大幅度的增长，国内煤炭有效供给能力不足问题将逐步显露，将对以火电为主的我国电力工业的未来发展形成资源上的约束。

（2）目前我国的终端用电构成中，工业部门占主导地位。在我国工业产品的成本构成中，能源成本占有重要比重。钢铁、有色金属、建材、化工等高耗能行业的能源成本占生产成本的比重尤其高，目前钢铁行业大于25%，铝大于50%，建材在40%～50%，化肥在70%～75%，石化约40%。2002年我国煤炭、石化、电力、钢铁、有色金属、建材、化工、轻工、纺织、铁道、交通11个行业的33项产品的能耗比国际先进水平平均高31%，电能高消耗已经成为制约我国电力消费可持续发展的重要因素。

（3）因能源使用造成的大气污染问题，已经成为影响和制约我国能源可持续发展的重要因素，同时也成为发展经济和改善人民生活的主要障碍之一。我国以煤炭为主的一次能源结构，使环境问题日益突出。这要求未来以火电为主的我国电力工业的发展必须把环境污染的防治放在重要的位置上。改革开放的四十年里，我国经济取得了持续快速发展，但同时也为此付出了极大的环境代价，代价之一是主要由大规模的、低效率的能源使用导致大气环境质量的总体恶化。能源消费规模的迅速扩张，以及长期以煤为主的能源消费结构，导致了二氧化硫、烟尘、总悬浮物等大气污染物排放量的急剧上升，成为中国大气污染的主要成因。如果不加以及时治理，到2020年时仅电力行业的二氧化硫排放量就将超过目前全国年二氧化硫排放水平，酸雨污染范围将进一步扩大，污染程度也将加重，届时国内环境将不堪重负。

(4) 在未来的国际竞争中，我国的大多数工业产品，特别是高耗能产品由于高成本将明显处于劣势，国际市场的开拓将十分困难；由于我国人口基数大，再加上长期形成的“二元经济”格局，我国的劳动力过剩和就业问题长期困扰着我国经济增长方式和产业结构的转变。而产品结构的调整需要时间，绝非一蹴而就的事。这将在较大程度上影响到工业部门对电力的需求，电力消费市场扩张将因此受到影响。

(5) 电力工业长期垄断经营，没有竞争性的电力市场，整个电力工业仍然没有感受到市场竞争的压力，发电由调度安排，电价由政府核定，经营者和职工工资执行全国统一标准，整个电力工业缺乏竞争机制和激励机制，人员多，运营效率低。这将影响到我国电力行业在国际电力市场的开拓和发展。

二、我国电力改革对电力消费的影响

从20世纪80年代末开始，欧美一些国家纷纷掀起了打破垄断、引入竞争的电力改革之风。目前智利、英国、阿根廷、澳大利亚、新西兰、美国等国家都进行了电力改革，实践证明，在发电和售电环节引入竞争机制是可行的，改革后减轻了政府财政负担，提高了企业经营效益，降低了电价。电力市场化改革正在引起越来越多国家的重视，已成为世界各国改革电力体制、促进国民经济可持续发展的潮流。

改革开放后的中国电力工业改革大体分为两个阶段：1978—1997年为第一阶段，这一阶段的改革以“集资办电”为主要内容；1998年以来为第二阶段，这一阶段以政企分开、建立电力市场为主要内容。我国电力改革的巨大成就有目共睹，不容否认。但客观地看，我国电力改革也产生了若干负面效应，其中之一就是对电力消费产生的负面影响。

电力改革的第一阶段的改革首要目标是，加快发电装机和发电量的增长，尽快扭转缺电局面，实现电力供需平衡，消除电力"瓶颈"制约，促进国民经济发展。这一战略目标的特点是突出电力工业的"数量增长"，以满足社会对电力的"数量需求"。

为实现这一目标，我国电力工业主要采取了"集资办电"方针，号召并鼓励国内外投资者在我国各省投资建设电源，形成"多元投资主体、多种筹资渠道、多种办电方式"的新格局，促使电力建设资金大大增加，发电装机和发电量迅速增长。1997 年我国发电装机容量达到 25424 万 kW，发电量 11342 亿 kW·h。

通过第一阶段的改革，基本上扭转了全国性长期严重缺电的局面。然而，由于这一阶段改革的首要目标是满足社会对电力的"数量需求"，因而在较大程度上忽视了社会对电力的"质量需求"。其负面效应之一是，虽然实现了改革的首要目标，即发电装机和发电量的"数量增长"，但是给电力能源效率带来了一定的负面影响。

20 世纪 80 年代中期，电力投资体制实行改革后，电力融资渠道拓宽，电力增长迅速。这一时期一些企业和地方政府建设了大量的小型火电机组。在东部沿海经济较发达的省份，小火电、小油机占全省发电容量的 20% 左右。不可否认，这些小机组为当时国民经济的发展发挥了积极的作用，但小机组发电效率低，环境污染严重，而且受地方保护，实行高电价补贴，并与大机组争发电。小机组的大量建设，成为我国电力工业发电效率不高的主要原因。

在这一改革时期里，由于电力部门受追求发电装机和发电量的数量增长的限制，在电力建设投资中长期重发电、轻供电，发电投资占电力投资的比重通常高达 80%，而电网投资一般只占 20%，远低于发达国家通常 50% 的电网投资水平。由此导致了我国输配电系统建设远远落后于电源建设，与发电规模的增长不相适应；电网主网网架不完善，使电网建设和改造不能适应用户用电增长的需要；农村电网相当薄弱，设施陈旧，损耗极高。在这一时期里，我国高压输电损失在10%以上。

始于1998年的第二阶段改革，目前正在进行之中。这一阶段以政企分开、建立电力市场为主要内容，此次电力改革的目的就是打破垄断，引入竞争，将传统垂直垄断经营的电力企业改组成独立的电网公司和发电公司，使其成为自主经营、自负盈亏、自我发展、自我约束的法人实体和市场竞争主体；发电公司负责发电业务，电网公司负责输配电业务，两者之间是一种买卖关系。通过“竞价上网”，促进电力企业提高效率、降低成本、改善服务、优化资源配置，实现电力工业可持续发展，构建政府监管下的政企分开、公平竞争、开放有序、健康发展的电力市场体系。

1998年3月，九届全国人大一次会议通过决议撤销电力部，成立国家电力公司，从而在中央政府层面完成了政企分开的改革。国家电力公司按照商业化的要求开始进行实体化运作，原电力部的政府职能移交国家经贸委，行业职能移交中国电力企业联合会。省级政府电力机构政企分开的改革逐步深化，省级电力工业局逐步撤销，到2000年年底，省级电力公司基本实现公司化运营，几个电力集团公司全部改组为国家电力公司的分公司。2002年12月29日我国电力新组建的11家公司在北京人民大会堂正式宣告挂牌，这标志着我国电力工业由此进入一个崭新的发展时期。2005年2月15日国务院正式发布《电力监管条例》，标志着国家电监会从初创组建正式转入依法履行监管职权。

客观地看，第二阶段电力改革关注的重点是市场化改革、公司化重组、商业化运营，电力能源效率问题在电力改革的进程中没有得到应有的重视，在某种程度上甚至被忽略。第二阶段电力改革已经对电力能源效率和需求带来了负面影响。

(1) 节电行政职能逐步弱化。1993年以前，能源部节能司为电力能源效率管理职能的政府机构，负责电力系统内部的电力能源效率工作，其中包括降低发电煤耗、降低电厂用电消耗、降低输配电线损等；同时，“全国节约用电办公室”设在该司，负责终端电力用户的节电工作，包括编制节电规划、制定产品用电定额和设备电耗标准、组织开展用电监察、推动节电示范项目、进行节电宣传，等等。

1993年在政府机构调整中，能源部被撤销，成立电力工业部。原能源部节能司具有的电力能源效率管理职能及终端电力用户的节电管理职能移交电力部安全生产协调司用电处，“全国节约用电办公室”与该处共同办公，由国家经贸委归口管理。在地方，各省、市电力局均设有用电处，具有与电力工业部用电处同样的节电管理职能。20世纪70年代初在省、市、县成立了“三电办”(安全用电、计划用电、节约用电)，90年代后由地方经贸委主管具体终端节电工作，包括监督和考核主要企业的电力消费强度和用电方式、提升节电技术和改善用电管理、实行奖惩措施、鼓励节电和约束浪费，等等。

1998年撤销了电力工业部，其政府职能移交国家经贸委，这对电力行业实现政企分开是必要的。但随着电力部的撤销，“全国节约用电办公室”的终端节电管理职能没有移交给合适的政府机构。随着电力行业政企分开改革在地方的逐步进行，地方电力局被撤销，其政府职能移交地方经贸委，全国各地的“三电办”也被撤销；一些地方的“三电办”被改制为供电公司(原来的供电局)的营销部，其业务由原来的节电运作改为电力营销，政府终端节电运作职能出现了大片“真空”。

(2) 终端节电投资激励手段削弱。在电力行业实行政企分开改革之前，终端节电投资主要由用电企业自己承担；作为节电鼓励措施，各地的“三电办”对一些节电项目进行财政补贴。在电力行业实行政企分开改革后，中央和地方政府尚未建立起一个适合市场经济体制的终端节电资金筹集渠道和具体的激励措施，电力公司也失去了通过“三电办”获得节电资助资金的来源，使电力公司难以运用财政激励手段推动节电，导致终端节电力度大为削弱。

第二节　制度原因造成电力短缺的原因分析

一、电力产业市场主体不完善

电力市场最优均衡的实现，要求市场主体是理性的，市场对稀缺资源的配置起决定作用，从而在给定的市场条件下，追求利润的最大化。然而事实是市场机制在我国电力资源配置中的决定作用并没有得到很好的发挥。它的突出表现就是政府仍然掌握着重要的电力资源配置权力，而不是由市场机制进行配置，从而扭曲了市场信号，导致了成本高、效率低。

电力市场的均衡机制亦可以理解为一种秩序。这种秩序建立的基点是决策合理，合理的决策是以完备的市场信息为前提的，但由于市场信息是分散的，它们只有经过充分竞争才能充分地、灵敏地反映出来。由于市场机制不完善和价格机制不灵活，超额供给或超额需求都是存在的，供给约束或者需求约束也都存在着，不仅如此，参加市场活动的微观经济单位并非自主经营、自负盈亏的独立市场主体，它们缺乏自由选择投资机会和经营方式的权利，也不会自行承担投资风险和经营风险。

在我国电力市场进程中，原来由国家垄断经营的垂直一体化的电力公司经过多年的改革，形成了现在五大发电集团、两大电网公司（五大发电集团，即华能集团、大唐集团、华电集团、国电集团、电力投资集团；两大电网公司，即国家电网公司、南方电网公司）的格局。虽然它们对市场的反应能力和驾驭能力有所提高，但是还未完全成熟。并且，由于是国有或国家控股，并不完全是自主经营、自负盈亏、自担风险的市场主体，因此不可避免地会出现技术的落后以及电力短缺条件下投资的盲目性。特别是在近几年电力短缺的情况下，投资饥渴症表现得更为明显，出现了盲目的、非理性的投资过度。因缺电导致的盲目投资、无序建设形成了难以控制的大起大落趋势，各地未经审批而开工的电力项目数量已接近正式批准的项目规模。

在无法准确判断电力需求增长的情况下，国家既不敢断然压缩电力建设规模，也不敢大量批准电力项目，而是采取拖延审批的办法，地方政府和企业则以未经审批即开工建设来应对。如果根据短期大幅波动而做出电力规划与项目审批，可能会导致过剩时停止审批（基于低增长率而计划），而短缺时大量审批（基于高增长率而计划）。

二、政府职责与监管存在的问题

市场经济的运行是建立在产权—利润—激励的逻辑基础上的，经济发达国家电力产业的改革是结构改革与产权制度完善同步进行的。而我国电力体制自改革以来，一直没有形成一个科学有序的推动实体和决策机制，政府一直控制着电力部门的投资与管理活动，国资委负责资产监管，国家发改委负责全盘规划，日常监管机构为国家电力监管委员会。而我国的发电行业则已完全放开，中央地方各级政府、各类企业都可投资电厂，但输配电项目则由政府单独投资并归政府所有。在我国现行的国家所有、垂直垄断电力体制下，电力企业缺乏经营活力、管理效率低下、电价上涨和服务质量差等问题日益突出。这些都已经成为制约电力工业发展的瓶颈，电力产业亟待创建规范有序、平等竞争的市场环境和机制，以维护电力投资者、经营者和消费者的合法权益。

电力建设周期相对来说比较长，一般最少也需要三年时间，而政府的宏观调控措施在某种程度上能够缓解电力短缺带来的影响，但不能完全避免电力短缺。另一方面，电力短缺所造成的政治、经济和社会压力可能造成电力投资的过度反应，从而又会导致大规模的电力过剩。目前五大发电公司和地方电厂大致各占50%的装机容量，五大发电公司规划到2020年装机数量翻倍，地方政府的装机扩张则可能有过之而无不及。实际上，由于电力需求增长，部分电厂甚至未经审批已经建成投产。现在的问题是，需求方的电力需求，供给方的产煤能力、运煤能力、设备生产能力、输配电能力，以及对环境所造成的影响，并没有得到充分的、全盘的考虑，还没有一个全国性的机构或者组织来统筹进行资源优化配置。此外，供电成本是否上涨，电价上调是否及时，电力建设资金是否充足，都是电力可持续发展过程中必须考虑的问题。

电力产业是自然垄断产业和国民经济的基础产业，我国实行的一直是以审批制为特征的投资管理体制，审批过程包括提交项目申请报告、提交项目建议书和可行性研究报告、提交开工报告三个步骤，程序复杂。由于电力投资的收益率比较高，在没有建立有效的国有资产投资激励与约束制度的情况下，就不可能给予国有企业完整的投资决策权，则仍然需要政府的直接干预。在电力供给较为富余时，如果一个新项目没有包括在五年计划中，政府将不会在本五年计划期内予以考虑。电力部门对新项目进行可行性研究，如果可行性得到发改委的认同，电力部门将进行详细的可行性研究，以分析并确定经济、资金、环境及技术上的可行性，并将可行性报告报发改委审批。可行性报告获得批准后，电力部门就可以按规定及进度在已有预算的范围内开始招标工作并完成投资建设。

在电力严重短缺时，政府会考虑不在五年计划内的电力项目，审批程序也会缩短。发电项目通常采用由电力部门与当地政府合资的所有制结构，电力部门与当地政府将此视为发展电力项目的好机会。长期以来，地方政府有政治与财政上的动机在本地区发展大规模的电力项目。此外，由于没有市场提供正确的信号，电力部门则可能按国有企业“以大为先”的经营特性制订出超过需求的供电方案。

在这样的投资管理体制下，电力投资的多少不是由市场和供需双方决定，而是由政府部门来决定。笔者认为，政府电力监管的重点应该放在维护经济安全、合理开发利用电力自然资源、保护生态环境、优化重大电网布局、保障公共利益等方面，项目的可行性、收益、风险应该由自主经营、自负盈亏的电力企业来自主鉴别。所以说政府在监管过程中存在着越位与错位的现象，国家应该进一步完善政府监管的职能作用，充分发挥政府监管对实现电力均衡的积极作用。

三、电、煤矛盾对电力短缺的影响

在我国的电源结构中，火力发电占全国总发电量的73.7%，煤炭成为我国电力发展的主体能源。但是我国的电煤市场一直都存在很大的问题。一直以来，我国的发电用煤是计划煤。计划煤是指在原来的计划体制下，国家为了支持工业化的发展，控制煤的价格，压低煤价，这样以煤作为主要能源动力的产业的成本就很低。随着经济体制改革的不断深入，1993年国家开始对煤炭价格进行改革，从那个时候起我国煤炭市场就一直存在着市场价和重点合同价，它们分别对应着市场定价与计划定价这两种完全不同的定价行为。国家放开了一部分煤价，但电煤价格仍由国家控制。在经济发展迅速、能源需求剧增的环境下，计划煤和市场煤之间的差价越来越大。从2000年起，我国政府逐步开始放开电煤的价格，迈出了电煤价格市场化的第一步，与此同时，政府对电价则一直保持政府指导价。2002年煤炭市场完全放开，火力发电成本上升，但发电公司的上网价格仍然受到严格的政府监管。

煤炭价格市场化后，电煤价格成为产需衔接的难点。2003年下半年以来的一段时间内，在煤炭需求旺盛、市场电煤价格大幅上涨的情况下，一方面煤炭企业希望电煤的价格能随市场变化而得到提高。煤炭企业认为，电煤价格上涨只是恢复性上涨，实际上电煤价格仍然较低。另外，他们还认为我国电价已远高于西方发达国家，如美国的电价为0.3元/度，德国则更低，而我国的电价一般在0.5元/度。因此，煤炭企业认为电煤价格上涨是合理的，也是可以接受的。

另一方面电力企业则认为电煤采用的是重点合同价，煤、电企业应当签订电煤长期合同，价格也应当低于市场电煤的价格，并且世界各国的电煤比其他行业的用煤价格都低。所以电力企业认为煤炭企业以电煤比其他行业用煤的价格低而要求调高电煤价格的理由是不能成立的，电力企业坚决反对电煤价格随着整个煤炭市场行情的变化而上涨。由此造成的结果是电力企业宁可停机也不肯按市场价采购电煤，进而形成了二者之间的“亲家”与“冤家”的特殊关系，煤、电“顶牛”现象对部分电厂的燃料供应和正常发电产生了不同程度的影响。在电力供应最为紧张时期，甚至出现了煤炭重点产区的电厂停机的极端例子。

在煤炭企业和电力企业为电煤价格争执不下时，作为宏观调控部门的国家发展改革委员会就不得不对煤、电企业的紧张关系进行协调。

市场化的煤电价格联动在一定程度上可以缓解成本上升给火力发电企业带来的压力，在具体实施过程中，要根据具体的经济环境和不同阶段的经济目标来调整。在促成经济增长方式转变的过程中，煤电局部性的矛盾可以促使煤炭产业和电力产业生产效率的提高、技术的进步以及其产业结构的调整与重组，促进煤炭联营、煤炭电力合同的规范化，而电力与经济系统的局部矛盾在一定程度上可以加快经济增长方式从粗放型到集约型的转变。因此，市场对资源的配置在经济增长和调整中的作用是不能忽视的，如果政府过多干预，会阻碍市场力量的发挥，使得电力供需难以形成良性的、持续的均衡。

笔者认为，电煤矛盾的解决应遵循以下两条原则。第一，以市场为导向，坚持市场在资源配置中的决定作用。假定煤炭市场价格的持续上升反映了经济运行的变化和资源稀缺程度，那么煤作为火电企业的主要投入，电价应该反映要素成本价格的变化。如果煤电矛盾属于两大产业之间的利益之争，则应该让市场来解决。第二，政府干预的目的是尽量减小对经济发展产生的波动，并且促成能源系统之间以及能源系统和经济系统之间协调的、持续的均衡机制。如果基于资源稀缺，电煤价格上涨，使得发电成本上升，而形成电力消费的经济结构在短期内又难以调整，新的能源结构在短期内也难以形成，那么政府为了避免成本推动型的通货膨胀，可以通过财政政策如税收、补贴等手段，缓解电力短缺对经济系统的压力，从而更好地稳定经济系统，促成能源结构和经济结构的升级。要素市场的规范运作是电力市场化改革成功的前提条件，只有各种要素真实地作为投入反映到电力生产和供应的成本函数中，最终传导给电力用户，才有可能实现电力系统的供求平衡。

第三节　能源效率造成电力短缺的原因分析

一、能源效率的内涵

能源效率即能源使用效率，或简称为能效。按照世界能源委员会的定义，能源效率的提高指的是能源转换设备，如家用电器，由于技术更新，在使用较少的能源下而能提供同样的能源服务（如照明、加热等）。对电力工业来说，提高能源效率包括提高发电效率、输电效率和终端用电效率。

能源效率概念是随着技术的进步、人们思想观念的变化、气候变化影响的加剧、能源规划的目标不同而提出的。基于能源安全、节能和发展新能源与可再生能源角度，西方发达国家的能源发展规划大体经历了四个时期：第一个时期的减能阶段始于20世纪70年代的能源危机，目标是减少能源的使用量，控制能源消费总量的上升趋势；第二个时期的能源守恒阶段产生于80年代末期，期望在总能源消费量基本不增长的情况下发展经济；第三个时期是90年代初的提高能效阶段，目标就是提高能源利用效率和能源利用效益；第四个时期为能源规划阶段，主要目标是降低温室气体的排放。

衡量一个国家或地区的综合能源效率指标可用单位国内生产总值的能源消耗量来表示，部门或行业的能源效率指标可用单位产值能耗或单位产品能耗表示。单位产值能耗即能源强度，单位产品能耗可用单位产品综合能耗或单位产品可比能耗表示。除了经济指标，衡量能源效率也可以用物理能源效率指标，即能源系统的总效率，它由三部分组成：开采效率，能源储量的采收率；中间环节效率，包括加工转换效率和储运效率，后者用能源输送、分配、储运过程中的损失来衡量；终端利用效率，即终端用户得到的有用能与过程开始时输入的能源量之比。

由能源效率问题而引发的电力危机的一个突出的案例就是发生在2000年12月中旬，绵延至2001年的美国加利福尼亚州的电力危机。加州电力危机形成的一个重要原因是加州在电力改革过程中削弱了对终端电力能源效率的投资。在1996年加州实施电力改革前，加州政府对电力公用事业投资终端电力能源效率（如电力需求侧管理）有强制要求，电力公用事业在这方面的投资力度大，并且收到了很好的效果，有效地减少了电力需求。1990—1996年，加州电力消费平均增长速度小于1%。在实施电力改革后，加州政府虽然对投资终端电力能源效率有一定的考虑，但总的投资水平与改革前相比减少了40%，这在较大程度上导致加州电力消费的快速增长，成为引发电力危机的重要原因。这对于我国能源效率的提高有很好的借鉴意义。

二、我国电力能源效率的状况

我国电力行业是消费一次能源最多的行业，目前电煤占全国煤炭消费总量的50%左右。与世界电力工业的先进水平相比，我国电力能源效率低，能源浪费相当严重。这主要表现为：

(1) 低发电效率。由于我国的电源结构以煤电为主，火力发电中燃油、燃气机组的比重小，且在煤电装机构成中，中、小型中低压机组仍占相当的比重，因此发电煤耗率和供电煤耗率明显高于发达国家。我国的供电煤耗标准煤2004年高达376 g/kW·h，这比德国1995年的309 g/kW·h的水平高出67 g/kW·h，差幅为21.7%；比日本1997年324 g/kW·h的水平高出52 g/kW·h，差幅为16.0%。按2004年我国火力发电量18073亿kW·h计算，同德国1995年的供电效率水平相比，我国在发电燃料消耗上相当于多消耗约1.21亿t标准煤。

(2) 低输配电效率。由于在电力建设投资中长期重发电、轻供电，我国输配电系统建设远远落后于电源建设，与发电规模的增长不相适应。目前我国的主网网架仍十分薄弱，输变电设备和配电设备总体上仍比较落后，导致高输配电损耗。

(3) 低终端用电效率。在我国的终端用电设备中，包括风机、水泵、压缩机等电机拖动系统的电耗约占全国售电总量的60%。目前为止，全国各类电机的总装机容量超过了5亿kW，而且每年以数千万kW的速度增长。在各类在用电机中，80%以上为中小型异步电动机，相当于20世纪60年代初的技术水平，具有80年代水平的高效电机所占的比重微乎其微。据初步统计，由于设备老化和技术、管理落后，目前各类电机的效率加权平均比国外低3～5个百分点；此外，由于大多数电机采用的是低效照明产品，由此造成的年照明电力浪费估计超过数百亿kW·h。

(4) 低单位电能效益产出。我国长期以电力消费增长拉动经济增长，确保国内生产总值（GDP）达到一定增幅为指导思想，导致用电政策的调整忽视了对经济结构的影响，忽视了电能的合理利用，忽视了资源的利用效率，经济增长了，单位电能创造的GDP却下降了，换句话就是用资源换发展。

众所周知，我国的人均资源占有量很低，可是我国经济增长的电力成本比国际水平高出许多。因此我国必须加快节能体制与法制建设，加强规划指导和推进产业结构调整，明确鼓励类、限制类和淘汰类用电工业项目；健全节约能源的法律法规，抓紧制定和修订促进能源有效利用的法律法规；理顺能源性产品价格，加大实施峰谷分时、丰枯和季节性电价力度，扩大执行范围，对高耗能行业中淘汰类、限制类项目继续实行差别电价；研究制定鼓励生产、使用节能产品的经济财税政策；抓紧研究制定《中华人民共和国节约能源法》和《中华人民共和国清洁生产促进法》配套法规，以及能源综合利用和再生能源回收利用方面的法规，制定高耗能行业市场准入标准，完善主要用能设备能效标准，组织修订主要耗能行业节能设计规范和生产评价指标体系。

第四节　我国电力短缺供需方面的原因分析

一、需求方面的原因

电力需求方的特殊性可以从经济结构和经济增长方式两个方面来考察，我国的工业化起步较晚，受当时国际环境和经济体制的影响，我国的电力对经济增长一直是单向的支撑关系，这使我国经济在发展过程中没有资源稀缺的硬性约束，从而在一定程度上导致了我国粗放式的经济增长。通过与国外进行对比，不难看出，我国过去经济发展中存在的深层次矛盾和问题是以过度消耗能源为代价的粗放式经营的结果。

20世纪90年代中后期，由于受到亚洲金融危机的影响，我国进入经济增长周期的低谷，高耗电的钢铁、化工、建材等重化工产业发展缓慢，低耗电的轻工、家电等产业迅速增长，我国第二产业在GDP中的比重总体呈下降趋势，第三产业的比重呈不断上升趋势，电力需求增长显著放慢。电力消费弹性系数从1995年的0.78持续下降到1998年的0.36。

我国电力市场自1996年下半年开始，就呈现供过于求的态势，1998年全国发电量只增长2.8%，创30年来新低，净增发电量只有328亿kW·h。与此同时，1998年全国火电机组平均利用小时只有

4900小时，比1997年下降214小时，比1995年下降554小时，随之而来的是电力企业经营困难，甚至部分电厂已到亏损的边缘，新建电厂也面临着投产即亏损的境地，加之当时经济也不景气，在这样的背景下，上至中央决策部门，下至电力部门、地方政府开始考虑出台鼓励用电的政策。

1998年9月国务院批转国家经贸委、国家计委《关于停止执行买用电权等有关规定的意见》，决定停止执行若干限制用电的规定，鼓励全社会用电。1999年，国家电力公司根据国务院以及有关部门的指示，对冶金等国有重点企业实行电价优惠。紧接着，各省、自治区、直辖市政府和电力部门也相继推出了电价优惠政策。值得注意的是，在这些鼓励用电政策中，重点是鼓励高耗能产业用电。

工业化的快速发展导致了电力消费增长迅猛。1998年国家实行积极的财政政策和经济政策，加大基础设施建设，工业化和城市化进程明显加快，重化工业产品需求明显增加。在需求和优惠政策的双重刺激下，受利润的驱动，高耗能行业发展迅速，主要高耗电产品产量的增长速度高于全国GDP的增长速度。重工业程度比重过高，钢铁、水泥、电解铝等高耗电、高污染产业的投资和增长占据相当大的比重。1999—2002年，生铁、钢、成品钢材、水泥、10种有色金属年均增长率分别为10.8%、13.5%、16.6%和14.4%；而同期全国GDP的增长速度为7.6%、8.4%、8.30%、9.1%。从全社会用电量构成来看，2003年全社会用电量18919.0亿kW·h，第二产业工业是我国用电大户，用电量占总用电量的73.04%，其中，重工业用电大约占了其中的63.2%。

由此可见，投资促进了工业，特别是重工业的快速发展。这种以提高能耗为代价的增长模式导致了电力需求的高增长，同时也使得经济增长缺乏后劲，经济与电力的和谐发展受到严峻挑战。因此，只有通过经济结构的调整、经济增长方式的转变才能从需求方面为我国实现电力均衡创造健康的经济环境。

二、电网改造的影响

城乡电网改造是中央实施积极财政政策的投资重点之一。我国城市农村电网改造从1998年大规模启动，改造后，电网结构加强，供电可靠性提高，供电的瓶颈制约明显解除，部分用户尤其是农村居民用户和一些原来供电受限制的用户的电量需求大幅度增加。

至2004年年底我国累计完成投资已经超过5000亿元，对全国2900个县的农村电网和城市电网进行建设与改造，加强了城乡网架结构，提高了供电质量，降低了电价水平，尤其是解决了3000多万农村无电人口的用电问题。目前，我国已经相继跨过小机组、小电网阶段和20世纪80年代以来的大机组、大电网、自动化阶段，进入西电东送、南北互供、全国联网新阶段。

经过电网改造，电压合格率在96%～98%，普遍提高2%～5%，供电可靠率普遍提高了0.1%～0.3%。尤其农网改造后线损率由过去的20%～30%降到12%以下，个别地区降到8%～9%。

电价水平的降低和供电能力的增强，有效地促进了城乡消费市场的启动。第一，电价水平的降低和供电质量的改善，为家用电器的使用创造了条件，特别是经济相对发达的地区，电网改造后家庭购买家用电器的数量迅速增加，为消费品开辟了重要市场。第二，电网建设与改造工程本身对经济的拉动作用也很明显。电网建设与改造工程投资的60%以上用于设备和材料的购置，工程实施后，全国各地电线杆、变压器和导线等供电材料和设备热销，有力地拉动了机电、建材等相关产业的发展，对扩大内需、拉动经济增长发挥了积极作用。电网改造激活了机电物资消费市场，有70%左右的电网改造资金用于设备材料采购，使水泥、钢铁、铝材等相关产业，电力设备制造行业的生产销售大量增加，给建筑、安装等相关行业的发展创造了众多机会。

三、电力投产速度的影响

在需求增长迅速的情况下，电力供给建设滞后，进而造成了近几年的电力供需缺口。

（1）电力基础建设投资减少。我国电力基础建设投资自1981～1998年逐年递增，由1981年的34.1亿元人民币增加至1998年的1422.5亿元人民币。1999年、2000年电力基础建设投资额有所下降，分别为1153.7亿元人民币和953.7亿元人民币，2002年有所上升，达到1237.5亿元人民币，但也未恢复到1998年的水平。

（2）在1980—2002年二十三年当中，电力装机增长速度只有在1988—1991年、1996—1999年、2005年共九年时间大于电力消费增长速度。尤其是2000年以后，我国电力消费增长速度迅速提高，而在建能力过低，电力装机容量增速较慢，2000—2004年新装机增长率明显下降，分别为7.7%、6.9%、6.0%和5.3%。但同期电力消费增长速度大幅回升，四年间电力消费增长速度平均达到9.09%，且呈加速上升趋势，2002年达到11.6%，使得电力投产速度明显慢于消费增长速度。

（3）虽然经过几年的大规模的电网建设，由于历史欠账较多，电网结构仍然比较薄弱，大区域联网滞后，设备与技术老化，输配电能力不足，全国电厂建成投产后，受到电网网络限制，一度出现了电网不配套造成有电送不出的尴尬局面。电网建设长期滞后于电源建设，电网结构薄弱，对局部地区的资源优化配置还存在“瓶颈”制约。

（4）部分理论界人士根据1995～1998年用电增长率呈下降趋势，做出了电力市场“买方市场”的判断。诸如“我国已由电力卖方市场向买方市场转变”，“我国已逐渐进入电力买方市场”等议论出现在全国报刊的大小文章中。这些议论使人们对我国电力市场曾经呈现的所谓“有效需求不足”“需求疲软”“消费低迷”等现象的原因，在判断上发生偏差。由于判断不准，电力企业在产品开发、市场战略和策略的制定上出现错位，政府以此制定政策，则有可能使政策导向失误。因此，我国电力市场是否定位于买方市场，这是事关重大的理论导向问题。

第五节 其他原因造成的电力短缺

除上述所讨论的电力短缺的形成原因之外，还有以下几个因素也限制了电力消费的科学有序的增长。

(1) 科学的电价机制尚未形成。政府对电价的控制使得价格信号不能反映资源的稀缺状况，价格作为市场配置资源最重要的工具和手段，由于行政定价而被扭曲，各种要素的价格、资源的价格都定得过低，使得企业在选择生产决策时发生了扭曲。我国现行电价机制是在20世纪80年代国家鼓励多家办电、多渠道筹资办电的政策影响下形成的。电价是根据电厂的运营成本加上税金和利润测算出来的，这一电价形成机制难以产生严格管理和降低成本的动力和压力，也不能适应经济发展的需要。而实行“厂网分开，竞价上网”，有利于通过竞争形成上网电价，可以引导电力企业降低造价和燃料消耗，降低成本；有利于加强对垄断环节（输配电）的价格管制，真实合理地核定输配电企业的成本；有利于改变现行上网电价与输配电价比例不合理状况，从而推动区域电网以至全国电价总水平的降低，最终使电力消费者受益。

(2) 我国地域广阔，缺乏有效的全国电力系统规划，且大量电力资源远离主要负荷地区。我国煤炭资源主要位于北部及西南部，水电资源位于西部，而主要负荷地区则在东部沿海地区。尽管西部地区能源丰富，如水电、天然气、煤炭等，但却是我国最贫穷的地区。由于西部省份经济发展落后，当地市场有限，资本匮乏，基础设施薄弱，因此这些地区的电力资源开发有限。电力资源分布不均衡引起电力需求不均衡，使得部分地区过剩而部分地区不足，因此，我国应推进电网建设以加强电力在各省各地区间的可流动性，从而优化现有的电力资源。

(3) 电力作为二次能源，是资源消耗巨大的产业，其发展需要充足的一次能源作为支撑。根据可持续发展战略的要求，我国目前的电源结构极不合理，主要表现在不可再生的煤炭资源消耗巨大，运力紧张与不足也是形成电力短缺的一个不可缺少的因素。2004 年现有的 4.40 亿 kW 装机容量中，火电装机容量 3.24 亿 kW，占整个装机容量的 73. 6 %，而火电发电量占到总发电量的 82.7%，每年电煤消耗占全国煤炭消耗的一半以上。由于火电的发电小时数比其他的高，所以火电发电比重更高。与此同时，清洁能源比重相对很低，我国水电装机容量达到 1.08 亿 kW，占整个装机容量的 24.5%，水电的发电量占 15%。核电装机容量占全国装机容量 1.5%，占全部发电量的 3.3%，可再生能源主要是风电和太阳能发电，总量微乎其微。全国风电装机总量 78 万 kW，如果加上太阳能等其他可再生能源，总的发电容量不到 100 万 kW，仅占全部装机容量的 0.23%。

(4) 火电装机结构不尽合理。中、低压小火电机组比重仍然过高，而高效率、大容量的机组比重过低，洁净煤发电、超临界机组等先进技术应用甚少。目前我国火电装机中 30 万 kW 及以上、10 万～20 万 kW、10 万 kW 以下机组各占 1/3，发电机组平均规模容量不到5万kW，和现代电网中经济规模机组30万kW、60万kW档次相差甚远。煤耗高、效率低、环境污染严重的问题十分突出，供电煤耗比先进国家高60 g左右，电力行业二氧化硫的排放量已占全国的1/3。大量超期服役的中、低压小火电机组仍在运行，关停小火电机组工作任务十分艰巨。另外火电电源布局不尽合理，西部矿区、坑口电站的开发建设相对迟缓。

(5) 季节性缺电。季节性缺电主要是指在夏季高峰和枯水期的部分时段出现拉限电。季节性缺电的原因是一些电网水电比重较大，电源备用不足，在夏季高峰或是冬季枯水期出现较短时间的拉限电，有的电网既在夏季高峰，又在冬季枯水期出现拉限电。水电来水不足造成长江流域大中型水电发电量减少。近几年黄河来水持续偏枯，黄河上下游骨干水库蓄水量严重不足，由于黄河上游梯级电站水库蓄水严重不足，占西北电网负荷近40%的水力发电锐减2/3，因而西北电网出现了季节性的供电紧张。全国性降雨不足，水电机组发电大幅度降低，造成部分电网，特别是水电比重较大的东北、西北和川渝电网水电锐减，直接影响了电力供应。

(6) 随着人民生活水平的提高和居民住房的改善，居民生活用电比重不断上升。这主要是因为随着空调、电热器、电冰箱等对气候敏感的家用电器日益普及，气温对用电负荷的影响越来越大。季节性负荷幅度变化较大，居民负荷变化对系统峰值负荷季节性变动的影响也随之变大。季节与气温的变化，对电力负荷会产生较大影响，呈现规律性的变化。随着空调等设备的普及，气温也将成为影响电力负荷的一个敏感因素。夏季高温天气，空调、风扇、制冷设备、电冰箱等负荷上升；冬季照明负荷的增长和严寒，会使采暖负荷骤增。

为了避免今后可能再次出现电力短缺现象，应该加强政府在宏观调控中的作用，其中包括：改善电力调度以更好地发挥现有的供电能力；加强电厂及电网的建设；保证电厂的煤炭供应；加强需求侧管理，保证居民用电；保障电网安全，加强区域联网建设；严格控制固定资产投资，特别是那些密集型行业，财政支持应从 GDP 增长转向“经济结构调整”与平衡发展；改革电价制度，取消优惠电价，实行煤、电价格联动机制，在能源紧张的情况下，电价水平会抑制高速增长的电力需求。

在长期能源供需平衡中，电力的战略地位将变得越来越重要，为了摆脱长期以来电力供应短缺的局面，必须加快电力工业的发展，以电力为中心来安排能源建设，这是我国社会经济发展的客观要求，是一个长期的战略任务。电力发展的政策方针应该坚持以“开发与节约并重，把节约放在首位”为基础，利用产业结构优化和技术进步，实现能源节约并积极探索新能源的开发。制定我国电力可持续发展政策，首先应立足于我国的能源基础，立足于我国资源的禀赋特征、地区分布和能源工业发展规律；其次要结合社会、经济、政治等因素进行综合分析，注重技术与经济的可行性，坚持以市场为导向，积极开拓和利用国内外两种资源、两个市场，打破行政区域界限，优化地区布局，充分发挥市场对资源配置的决定作用，实现更大范围内的电力资源优化配置，避免能源政策的不合理调整所造成的经济损失。

第三章

市场环境下电力规划新模式

传统模式下政府部门、电源、电网合为一体，在规划阶段进行统一协调，承担满足负荷需求的义务。而在市场环境下，发电侧拆分为多家发电公司，和电网公司一同作为电力市场成员，具有一定的自主决策的权利，不再承担满足负荷需求的义务。在当前“厂网分离”，电力市场改革的起步阶段，研究好新形势下的电力规划问题，如电力规划应该采用什么样的组织模式、如何协调各个市场成员的自主决策方案、如何保障系统的可持续发展等，具有非常重要、科学的意义，能够为市场化改革的平稳过渡和稳步深入打下坚实的基础。

本章从电力工业的科学发展观的核心思想出发，基于市场机制的特点与规律，根据我国电力工业的发展现状，提出一套切实可行的规划新模式，明确了电力规划工作各个具体步骤的工作内容、研究方法与实现目标，同时也明确了电网公司、发电公司、政府部门的位置、职责、权利与义务，重点解决了如下两个根本问题：第一，保障电力系统与国民经济、矿产资源、交通运输、环境保护等因素之间的协调，实现电力系统的可持续发展。第二，引入市场竞争机制，对稀缺的电力投资资源进行有效配置。笔者为解决市场环境下电力规划工作遇到的挑战提供了良好的流程模式，希望能对我国电力市场化改革的平稳过渡发挥一定作用。

第一节　市场环境下电力规划的难点

世界范围内的电力工业市场化改革表明，解除垄断，引入竞争机制，增强电力工业活力，优化资源配置，提高效益，已经成为现代电力工业发展的必然趋势。然而电力市场改革不但对现有的电力管理体制、运行方式等有着巨大的冲击，对电力规划同样也提出了新的挑战，主要表现在如下几个方面：

一、分散决策与宏观目标间的矛盾

在电力市场环境下，发电公司和电网公司成为市场中相对独立的市场成员。随着电力市场改革的深入、零售市场的形成，电力零售商、大用户、配电公司作为反映电力需求的主体参与到电力规划工作中，他们相对独立、自主经营、自主决策、自负盈亏。他们具有自主规划的权利，根据各个主体发展的需求，制定投资发展策略，其目标为追求自身利益的最大化，同时存在与能源政策、电力安全等方面的矛盾。如何制定相应的机制与法规，在消除矛盾的同时平衡各个市场主体的经济利益，需要我们深入思考。

二、积极有效的市场竞争机制

电力工业市场化改革的主要目的在于引入竞争，以市场机制进行资源优化配置，提高生产效益。电力投资规模大、周期长，而且对之后很长时间的电力生产都有影响，也就是说投资决策是资源配置的一个关键环节，必须在规划阶段引入市场机制，从源头上进行竞争，这比发电竞价具有更重要的意义。通过电力需求预测、发展目标、重点布局以及相关政策，为市场配置资源提供广泛的信息，使不同市场主体从中得到提示和鼓励，以发挥他们的积极性和创造性，从而充分发挥市场在资源优化配置的决定作用。那么，我们需要考虑如下问题：如何组织规划市场，采取何种模式、运行规则、交易决策方式；电量市场有多种模式（比如单一购买方式、双边交易等），该如何与之协调；如何反映出具有指导意义的长期供需信号，引导市场主体进行正确的投资决策；如何协调各个市场主体间的利益关系，避免出现过度竞争导致的资源被掠夺式的使用，从而达到可持续发展的目标。解决这些问题是做好市场环境下电力规划工作的关键所在。

三、市场机制失灵

在市场环境下的电力规划中，引入市场竞争机制，必须面对其失灵问题。市场经济是高效率的经济运行机制，但是市场经济不是万能的。实践证明，市场的价格机制具备优越的资源配置作用，但是在一些领域或场合，不具备形成完全竞争市场所需的全部条件，市场机制本身并不能得到有效发挥，而在另外一些领域或场合，市场机制即使能够充分发挥，也无法达到符合整个社会要求的资源配置结果。这些市场失灵或失效的现象是市场机制固有的自身不可克服的缺陷，它们在任何时候都不能消失，而只会有程度上的差别。在做市场环境下的电力规划研究的时候，必须考虑该问题。

四、电力工业与国民经济的协调发展

不断满足国民经济和社会发展对电力的需求，是电力工业改革与发展的根本目的。在市场环境下，打破了传统的统一规划决策、审批开工的体制，发电公司也不再承担满足负荷需求的责任。只有在电力市场中根据需要建立有效、稳定的投资激励和宏观层面的调节措施，才能确保电网内电能供应的长期稳定，避免出现周期性的电力供应短缺，从而在长时间内维持电力市场中的供求平衡。如果市场缺乏有效的投资引导机制，无法保证投资者合理的利润率，那么将打击投资者的信心，使其减少对电力系统建设的投资，导致在一个长时期内电能供应紧张；另一方面，如果电厂回报率过高，则会导致新建电源项目过多，导致市场供大于求。投资不足或者过度投资都不利于电力工业科学、稳健、持续的发展。随着我国经济体制改革的逐步深入，国民经济增长方式发生了根本性变化，产业结构调整的步伐进一步加快，做到电力工业与国民经济的协调发展是我国国民经济持续快速发展的基本前提。如何组织市场环境下的电源规划，采用何种市场模式、何种市场规则等，如何做到电力工业与国民经济的协调发展等，都是亟待解决的问题。

五、电源与电网的协调发展

从电力系统的物理运行规律看，电源和电网本质上是一体的，电网是电力生产消费、电力商品交易的纽带，与此同时，电网又可能是电力市场合理交易、公平竞争的障碍，为保证电力市场的公平、公正、公开，就需要有完善的电网结构；然而过分突出电网建设，将导致利用率下降、资源浪费、重复投资等问题。因而需要从整体上把握和协调电源规划和电网规划，防止电源规划工作与电网规划工作的脱节，防止发电资源和输电资源的浪费，确保电网建设和电源建设的协调同步发展。我国地域辽阔，在能源和负荷分布很不均衡的情况下，做好电源电网协调规划发展的工作尤为重要。然而在市场环境下，电源、电网已经成为相对独立的市场主体，国家必须提出有效的协调手段、激励措施以及运行规则，以解决电源电网协调发展的问题。

六、电力工业与资源、运输、环境的协调发展

电力行业的生产运营与设备制造行业、煤炭行业、石油行业和运输行业等息息相关。电力工业发展既能促进相关行业的发展，也会被这些行业的发展制约，它们之间必须相互协调地发展，否则必将导致“木桶效应”。目前为解决电荒问题，我国火电建设速度远远超过煤矿建设速度。没有相应的煤炭生产能力、可开采储量和运输能力的支撑，必将造成电煤紧缺，导致火电无煤停机，煤价上升，不但不能解决电荒问题，而且投资效益难以保证，对将来电力工业

的健康发展带来不利的影响。另外，由于发电的一次能源储量有限，电力工业发展必须在国家能源安全战略的框架下，对之进行合理、科学地开发利用。电力环保问题已经成为人们日益关注的焦点，控制发电排污将成为一项必需的工作。上述的问题在传统的统一规划决策情况下较为容易处理，然而在市场环境下，市场主体分散决策，使得问题变得非常棘手。

七、电力资本市场的兴起与电力资本的多样化

国务院发布的《关于推进资本市场改革开放和稳定发展的若干意见》，阐述了大力发展资本市场的重要意义，明确了推进资本市场改革开放和稳定发展的指导思想和任务，在完善相关政策、健全资本市场体系、丰富证券投资品种等多方面提出了重要指导意见。随着电力市场的逐步完善，电力市场相关的金融市场将逐步形成并完善，必将打破电力投资壁垒，使得外界投资能够相对容易地进入和退出电力投资和生产，允许社会中各种行业、各种实体的资本进入电力资本市场。借助资本市场，通过资本运营，可以对电力工业发展起到促进作用。一是提高融资效率，吸纳、整合社会零散资本，将社会资金有效转化为电力长期投资，实现企业规模的快速扩张，破除电力瓶颈约束，为经济发展提供可靠的能源保障。二是优化资源配置，按优势互补的原则整合不同类型的电力资产，进而促进国有资产流动和重组，实现电力工业结构和布局的调整。针对当前电、煤冲突的状况，要从体制上打破条块分割的行业壁垒，积极推进煤电合营，降低电与煤的交易成本，允许和鼓励煤电资本的相互持股、参股和控股，利用不同资本的融合、兼并、重组，实现混合经营。三是加快电力企业股权多元化转变，促进公司治理结构的完善和转换企业经营管理机制，提高企业整体素质，巩固在市场竞争中的优势地位。四是促进形成科学的电力监管体制，投资者的监督和期望将

使电力企业面临资本市场的压力，这种压力可传导到监管部门，促使相关部门完善监管手段，使电力行业监管手段更能适应电力工业市场化发展的需要。利用资本市场、开展资本运营可以促进电力企业加快实现大公司大集团战略，促进电力行业改革，推动电力工业的市场化进程。这要求灵活多样的市场机制、组织模式、决策方式与结算方法，在一定程度上加大了规划的复杂性。

八、规划方案的评估方法与监管机制

利益是电力企业进行投资等经济活动的主要驱动力，发电企业将自主决策将来的电源投资方案、自主规划检修安排计划等，市场主体的多元化、分散决策、资源多元化，不但给电力系统运行带来更大的不确定因素，还将给市场环境下的电力系统运行带来更多的波动性和随机性。安全稳定是电力系统运行的必要前提，这就需要建立科学、合理的市场环境下规划方案的评估方法，提出有效的监管机制，保障将来系统的安全稳定裕度；需要科学地模拟市场环境下电力生产运营，准确地分析电力市场的经济效益，有效地评价电源与电网对市场环境的适应性，解决电力市场中经济效益与系统安全稳定的矛盾等问题。

第二节　坚持政府调节市场的理念

在介绍市场环境下电力规划新模式之前，首先需要明确一个问题：在市场环境下，能不能仅依靠市场机制，实现电力系统与国民经济、矿产资源、交通运输、环境保护等因素之间的协调，实现电力系统的可持续发展？笔者的观点是，不能。具体原因是市场经济是高效率的经济运行机制，但是市场经济不是万能的，其自身存在

固有的失灵问题。

一、市场失灵问题

在市场环境下，市场机制对资源配置起决定作用，一切经济行为都是按照价格机制运作，实现社会资源的优化配置的。古典经济学家认为，完全竞争的市场机制可以通过供求双方的自发调节，使资源配置和社会生产达到最优状态，即所谓的“帕累托最优”。此时政府只需扮演“守夜人”的角色，主要任务是维持政治环境的稳定，并通过立法贯彻市场经济的游戏规则。实践也证明了市场的价格机制在资源配置方面显示出了巨大的优越性。

早在自由竞争的资本主义时期，经济学家推崇只有自由竞争才能带来经济的和谐，而任何企图通过少数人的智慧来控制经济运转的努力都无法达到良好的结果。但是在现实生活中并不具备形成完全竞争市场所需的全部条件。经历 1929—1933 年世界性的经济危机之后，经济学家开始意识到在一些领域或场合，市场机制本身并不能得到有效发挥，而在另外一些领域或场合，市场机制即使能够充分发挥，也无法达到符合整个社会要求的资源配置结果。这些市场失灵或失效的现象是市场机制固有的不可克服的缺陷，它们在任何时候都不能消失，而只会有程度上的差别。市场经济是高效率的经济运行机制，但是市场经济不是万能的。

市场失灵主要表现在外部效应、公共产品、市场垄断、不完全市场、不完全信息、收入分配不公以及宏观经济的失衡等方面，下面笔者就针对市场失灵的几个方面进行简要的分析。

（一）电力规模经济与垄断竞争

对于电力行业，大规模生产可以降低单位成本，提高收益，不仅存在着规模经济，而且规模经济显著，容易形成自然垄断。垄断将带来管理水平和效率的下降、经济的增长受到阻碍、资源配置不合理等弊端，电力工业的市场化改革也正是为了解决上述问题而开展的。然而由于电力生产的规模经济的存在，即使改革也不能拆分为众多的经济个体，只能是少数几个经济个体形成垄断竞争的格局。为强化竞争的有效性，拆分重组后的经济个体实力应该相当，而且制定每个个体所占市场份额不能超过20%的规则。然而在之后的竞争发展中，必然会呈现不平衡的局面，市场机制不能消除不平衡，反而可能加剧不平衡，结果是某些个体市场份额增长并超过限定值，违反市场规则，而另一些个体面临倒闭破产的窘境，不但带来严重的社会影响，而且会降低市场的竞争力，加剧垄断。也就是说，自由竞争的市场制度本身不能维持市场的一些特定游戏规则，不能消除垄断，而且在规模经济显著的情况下孕育着垄断。要消除垄断，保护竞争，不能完全依靠市场机制本身来解决，而是需要政府的协调与管理。

（二）电力生产外部效应

所谓外部效应，是指私人边际成本和社会边际成本之间或私人边际效益和社会边际效益之间的非一致性，即某些个人或厂商的经济行为影响了他人或厂商，却没有为之承担应有的费用或没有获得应有的报酬。由于私人经济主体主要以追求私人利益最大化为目标，所以对于带有外部效应的物品或劳务的供给不是过多就是不足。外部效应的最关键问题是具有外部效应的物品的价格不能充分反映用于提供该物品的成本。外部效应除了影响社会经济效率之外，由外部效应导致的成本或报酬分担不合理，也会妨碍社会的公平。

外部效应按照其经济影响可分为生产正外部效应、消费正外部效应、生产负外部效应、消费负外部效应四类。在正外部效应的情况下，市场的供给量会小于社会真正的需求量，而在负外部效应的情况下，市场的供给量会大于社会真正的需求量。负外部效应的最关键问题是其生产 / 消费成本小于其社会成本，在追求个体利益最大化的市场经济行为下，厂商和个人会不顾其行为给社会带来的危害而大量从事具有负外部效应的活动。这是社会所不需要的，也是社会应当限制的。

火电生产过程中电煤消耗属于典型的消费负外部效应，煤炭资源具有不可再生性质，其实际成本很高，然而电厂一般按照开采的成本来付费，从而形成了外部成本。在存在负外部效应的情况下，发电厂会大量从事火电生产，而不愿意进行其他类型电源的投资，从而造成电源结构的畸形，煤炭资源的滥用，同时不利于新能源、可再生清洁能源的开发利用。这严重有悖于持续发展的思想，需要政府积极地参与管理。另外煤电生产排污属于典型的生产负外部效应，而绿色电力生产属于正外部效应。

对于水电成本与环保问题，同样需要有个新的认识。长期以来，人们认为水电为清洁、廉价能源，这存在一定片面性，不可否认其具有可再生性，然而其造成土地流失、破坏地理环境、危害地质与生态环境等，影响巨大。水库蓄水后，被淹没的植被和土壤的分解以及腐烂的有机物会大量消耗水中的氧气，并产生沼气和二氧化碳，导致温室效应。据巴西亚马孙流域国家研究所的研究，图库鲁伊水库在1990年开始注水以后的6年里，排放了945万吨二氧化碳和9万吨甲烷；巴尔比那水库在蓄水后3年里，则排放了2375万吨二氧化碳和14万吨甲烷。也就是说，图库鲁伊水库对温室效应的影响相当于一个生产同等电力的燃煤发电厂的60%；巴尔比那水库对温室效应的影响比一个生产同等电力的燃煤电厂还要多20%。火电生产中产生的二氧化碳可以通过技术手段减少排放，而对水库排放目前则束手无策。由此可见，从水电的投资到生产各个环节均存在较大的负外部效应，应当采取一定政策，如加大占地费用、提高水电税收等，减缓或消除其外部效应，正确反映出水电投资生产的社会成本。

（三）电力工业长期发展失衡

市场机制具有自发性、盲目性和滞后性，常常导致虚假需求和生产的盲目性，对经济活动的远景缺乏导向；在市场经济下，经济当事人总是追求自身利益的最大化，其成本、收益等评价都是针对短期的，并不包括未来成本、未来收益，也就是说市场机制本身不能有效地协调短期与长期的利益。近两年来波及全国的能源紧缺掀起了新一轮电力投资开发热，但是缺乏统一规划和有效调控措施，与之配套的水、煤等均无法满足，不但无法正常运行生产，而且将带来巨大损失。该矛盾是市场机制自身无法克服的，必须依靠政府的调控手段保障电力工业长期稳定的发展。

（四）电源结构的优化问题

面对目前能源与环境危机的日益严重，电源结构优化问题不再只是针对系统调峰的要求，同样还必须考虑一次能源储量、开发能力、交通运输、环保容量等资源环保承载能力多方面的因素，需要站在全局的角度，结合能源、社会等实际发展现状，统筹规划。目前各种类型的电源在生产相同质量数量的电能情况下，其投资运行成本不尽相同，而且政府的经济政策无法做到完全消除各种类型电源生产的外部效应，如果仅仅依靠市场机制，势必造成电源结构朝单一化方向发展，长期来看将对电力工业的发展带来灾难性的损失。

二、依靠政府政策解决市场失灵问题

近年我国电力建设的无序性反映出投资主体存在一定的盲目性，市场环境并非万能的，其固有的“短视”“自利”的特征，决定了市场环境在电力工业长期投资规划中存在不可避免的缺陷，如在短期利益面前不能从全局角度出发与社会、经济、资源、环境等协调发展，不能与长期发展目标相互协调等。也就是说在市场环境下，不能放任电力项目的投资建设，需要政府部门从社会、经济、政策、能源等宏观角度出发，对电力工业发展进行全局的把握，否则不可避免地出现无序性，造成长期损失，同时在此框架下建立市场竞争机制，引导企业的投资生产。

第三节　新形势下电力规划的总体理念

在市场化改革的新环境下，电力规划工作面临众多新问题和挑战，需要重点解决的问题可总结为以下几点。

(1) 如何把握全局科学发展与市场个体分散决策的关系，解决“三个协调”问题：①电力工业与国民经济的协调；②电力工业与能源政策、矿产资源、环境容量、交通运输等的协调；③电力工业内部因素(包括电源结构、电源布局等)的协调。

(2) 如何在电力规划中引入市场竞争机制，一方面通过竞争提高资源配置效益，另一方面反映电力工业的长期供需关系，为电力项目的投资运行提供正确的经济信号，避免出现投资不足或者投资过度等大起大落的现象。

(3) 市场环境下电力规划效果的评估和监管问题。电力规划的评估和监管问题必须由政府部门直接或委托相关部门负责，这一点毋庸置疑。针对问题一和问题二，从重要性的角度来考虑，明显问题一大于问题二，也就是说必须在保障“三个协调”的基础上，再引入市场机制，发挥竞争效益，提高资源配置效率，否则电力工业不能正常运转，何来经济效益。

在前文中笔者已经强调，由于市场体制存在的固有缺陷，因此完全依靠市场机制“无形的手”无法实现“三个协调”，必须依赖政府宏观调控“有形的手”进行全局把握，保证电力工业科学地、可持续地发展，在此框架下引入竞争机制，发挥市场效益。也就是说，一个全局的、统一的规划非常重要且必不可少。这一规划与传统模式下的行业规划有些类似，但为适应市场环境和电力工业发展现状，使之具有新的内容、特征与目标，在此笔者称之为电力行业规划。

电力行业规划将全系统按照实际情况和一定规则，划分为若干个子区域，根据煤电运、水资源容量、环境承载能力、子区域间输电交互能力、系统发电容量需求、调峰平衡等，确定各个子区域各类型机组投产容量以及子区域间输电容量规划。这是一个粗放的规划结果，对于电源部分，具体是由哪个发电公司投产哪个电源点，必须通过各个发电公司相互竞争来确定，而对于电网部分，由于输电公司的天然垄断性质，不需要竞争，但为了保证电网建设方案的科学性、经济性、公平性、开放性等，必须接受监管。

第四节　新型的电力规划模式

一、规划模式的总体框架

按照上述思想，笔者将其中的各个环节细化，设计了新型的电力规划模式。

（一）前期准备

前期准备阶段主要是为电力规划工作准备所需的基本信息和前提工作，和传统规划基本类似，主要内容为：

（1）电力需求预测：首先根据政府的发展规划、经济政策以及实际状况，做好国民经济预测，并由此做电力需求预测。在一般的商品中，市场需求一般由用户来体现，然而电力作为一种特殊的商品，决定了电力市场中的长期需求由用户自身把握，主要原因是电力需求与国民经济水平、产业结构等息息相关，普通用户无法完全了解政府的发展规划、经济政策、产业结构转型方向等信息。这一点对于正处于高速发展中的国家尤为突出。因而为了促进电力工业与国民经济的协调发展，需要由政府委托资深部门做国民经济预测和电力需求预测。

（2）能源规划政策：电力作为能源的重要组成部分，其发展必须满足社会能源规划和能源安全的需求。另外，电力作为二次能源，主要为煤、水、气、核，电源结构的规划必须与能源规划相互协调，否则势必造成投资的浪费。为此做电力规划之前必须明确能源规划政策。

①资源储量与承载能力：电力生产离不开相应资源的支撑，比如，煤电不但需要燃煤的支持，还需要一定的水资源。如今电力工业的高速发展与发电支撑资源短缺的矛盾已经日益凸显，近年电源无序建设已经将该矛盾放大并激化。由于资源储量有限，电力工业要走可持续发展道路，就不能盲目地、无节制地开采使用，必须合理规划。

②交通运输能力：目前我国电力工业高速发展，给交通运输行业带来巨大的压力，电煤运输已成为电力生产运行的一大障碍，为避免出现因交通运输阻塞导致无煤停机的现象，在电力规划阶段必须重视交通运输的因素，尤其是我国目前需求急剧增长，并且以火电为主，需着重考虑，解决好煤电运输的问题。

③环保容量：现阶段我国电源仍以火电为主，发电同时还产生

二氧化硫、氮氧化物、一氧化碳、灰渣和烟尘等有害物质。排入大气的二氧化硫和氮氧化物与水汽结合生成硫酸和硝酸，随降水落下形成酸雨，造成农业、林业、水产业的损失和建筑物的腐蚀；煤炭燃烧后的灰尘经烟囱排出飘浮于大气中，危害人体健康；大量灰渣需占用土地堆放，有的还将污染地表水和地下水资源。目前我国已经认识到电力环保问题的重要性与紧迫性，加大了对污染物排放的控制和治理的力度，促进了电力工业的可持续发展。

④电源电网运行现状，即现已运行的电力系统基本状况。

⑤协议送电计划：在“全国联网、西电东送、南北互供”的大环境大背景下，电力系统不是个孤立系统，因而需要考虑与外部电网交换的详细情况。

⑥可行电源点：由政府委托第三方对本系统内的电源点进行可行性研究，作为优化规划的发电资源。

⑦可行输电线路建设方案。

（二）电力行业规划

虽然市场机制在资源优化配置中的决定作用，显示出了显著的效益。但是由于市场机制存在固有缺陷，因此需要政府通过一定的调控措施进行干预，以弥补市场缺陷，不能纯粹由发电集团公司“自主决策”，而是需要重视宏观调控与宏观把握，只有这样才能保障电力工业的正常运转，发挥市场效益。为此要做好市场环境下的电力规划，必须先做好电力工业的电力行业规划，重点解决“三个协调”问题。

（三）电源竞争规划

要充分发挥电力市场的资源优化配置的决定作用，就必须在电力投资阶段引入市场竞争机制。电源竞争规划主要解决在发电侧由多家发电公司构成的市场环境中，公平、公正地分配有限投资电源点的建设权，反映出稀缺的电源投资市场价值，更好地实现电源投资阶段的资源优化配置等问题。

（四）输电网规划

经过电源竞争规划阶段，电源规划方案基本确定，而即使在市场环境中，电网公司仍然作为唯一垄断者，其规划方法与传统方式基本相似，可以直接沿用传统的电网规划研究成果，具体参见相关文献，在此不再复述。

（五）监管与评估体系

在传统规划中有很多的评价方法，评价指标也具体、多样，涵盖了传统电力规划指标的方方面面。然而这些方法与指标过于分散、繁杂，缺乏具有代表意义的综合评价方式，给电力系统生产运行部门带来较大的困惑，无法从众多的指标中发掘出针对主要问题的明确的决策信息。必须就某一特定的主题，把原来已有的和一些新提出的评价方法中和该主题相关的，通过科学的综合评价方法，以可视化的方式，给出明确的、科学的、具有代表意义的决策信息。

二、政府部门、发电公司、电网公司在规划模式中的地位与职能

（一）政府部门

从前面的介绍中，不难看出在本书提出的市场环境下规划的新模式中，政府部门承担起电力行业的宏观调控的职责，同时在整个规划过程中，政府部门对各个环节起到主导作用。

在前期准备阶段，根据政府的发展规划、经济政策以及实际状况，做好国民经济预测，由此做好电力需求预测，并做好资源、环境、运输等相关因素现状及其发展规划信息的收集。

在行业规划阶段，协调考虑国家能源政策、一次能源开采能力与运输限制、环保问题、合理装机容量、电源结构优化、系统调峰问题、电源布局优化、电源电网协调发展以及电力投资决策对后续发展的影响等因素，重点解决“三个协调”问题，制订科学的、经济的电力行业发展方案，实现电力工业的可持续发展。

在竞争规划阶段，通过一定的经济措施进行干预，比如，制定市场法规、调整税收政策、实施公共管制等来弥补市场缺陷，维持市场交易规则，保障交易的公平公正，充分发挥市场效益。

在监管与评估阶段，有两方面的内容：一是对竞争规划市场的监管；二是对最终规划方案的评估。

由于电网公司仍旧是唯一垄断者，因而还需保证电网的开放性评价工作，比如，接入费用是否合理、阻塞情况是否减少或消除等。

上述工作需要较深的专业技能，具体工作由政府部门委托相关机构来实施。

（二）发电公司

在本书提出的市场环境下规划的新模式中，发电公司对电源的投资必须通过在竞争规划市场中申报电量合约的竞争方式来获取，申报价格可以根据自身公司的经验和发展策略自主调整，从而获得电源建设权和新建一定年份内的电量差价合约。

（三）电网公司

在本书提出的市场环境下规划的新模式中，电网公司主要工作为在电网规划阶段，根据电源竞争规划的结果，实施细致深入的电网规划，要求满足：一是行业规划中地区交换容量的需求；二是电网开放性评价指标的需求。

三、新型规划模式的主要优点

(1) 分为多阶段处理，每个阶段既相对独立，突出解决某一问题，又相互关联，使得规划过程协调统一。理顺各个因素之间的关系，实现协调优化规划。

(2) 通过由“粗”到“细”实现电源电网的协调优化规划。①电力行业规划阶段粗放地实现电源电网协调规划；②在电源竞争规划后，电源规划方案已经确定下来，此时做深入的电网规划，实现电源电网的协调。

(3) 解决了宏观调控与自主决策的矛盾关系，既实现了政府部门对电力规划的宏观调控的目标，协调了国家能源政策、一次能源开采能力与运输限制、环保问题、合理装机容量等因素，提出了电力工业的可持续发展的保障措施，又达到了在电力投资阶段引入市场竞争机制的目的，发挥了市场机制资源优化配置的决定作用。

(4) 与传统规划模式有一定相似之处，大部分可沿用传统规划的理论研究成果和实践应用经验，具有较好的可操作性和连续性。

第四章

综合资源规划基本理论

第一节　综合资源规划的概念

综合资源规划的定义是将供应方和需求方各种形式的资源作为一个整体进行的资源规划。概括地说，它的基本思路是：除供应方资源外，还把需求方提高资源使用效率、减少消耗视为一种资源同时参与规划。其旨在通过需求方管理更合理配置和有效地利用能源资源，控制环境质量，减少投资和成本，形成对社会和供、需各方都有利的局面。

我国传统的电力规划主要考虑供应侧资源的建设，以负荷预测为基础，确定要建设的电源类型规模、建设周期、投产数量。经济、可靠地满足用户的电力需求是电网规划的重点。综合资源规划的基本思路是将供应侧和需求侧中各种资源作为一个整体进行资源规划，通过高效、经济、合理地利用供应侧和需求侧的资源，即除供应侧资源外，还把需求侧减少电量消耗和降低电力需求视为一种资源同时参与电力规划，在保持能源服务水平的前提下，形成资源措施组合，以“最小成本”来满足预测的用户需求。这个“最小成本”还包括环境成本等社会成本，即整个规划系统的资源总成本最小。

自20世纪70年代以来，国际上许多国家的电力公司为克服经济体制变化、资源短缺、燃料价格上涨、环境挑战、政府的严厉管制、公众舆论对电价上升施加压力等困难，以尽可能低的成本保证电力供应，开始实施综合资源规划和电力需求侧管理。

综合资源规划的特征是采用若干类指标（包括技术、经济、财务、环境等）对发电规划、需求侧管理、社区能源规划、电价、输电和配电等方面进行综合评价。综合资源规划与传统的规划相比具有以下特点：规划方案的选择基于明确的规划目标；对电力供应方案和需求侧管理（DSM）等进行统筹规划，使资源开发的选择范围更大；在规划阶段考虑环境和社会经济的影响；认真对待各种不确定因素；决策者和利益相关者的参与，对各种资源开发的选择过程进行更明确的权衡分析。综合资源规划目标的确定要考虑与其他战略规划的目标相协调，反映各部门和利益相关者（如电力公司内部利益等）的价值，确定各种资源的特征及其重要信息，建立各种权衡关系。

综合资源规划的目标是选择电力供应侧和需求侧管理两方面综合费用最低的发展方案向客户提供优质服务，使客户总的支出费用最低。资源观点、效益观点、实施观点是综合资源规划的基本观点。

第二节　综合资源规划的基本框架

综合资源规划涉及大量的技术措施，包括节能技术、负荷管理措施、分布式发电等潜在资源。综合资源规划将电力供应和改善效率结合起来，以最小成本提供电力服务。在选择、综合评价潜在的技术资源时需要同时考虑环境、污染排放等社会成本。在我国实施综合资源规划包括以下六项内容：

（1）根据时间和地理位置参数确定计划范围，确立综合资源规划目标；

（2）收集关于用电终端需求模式和改善用电效率或负荷特性的数据，满足电力服务的需求，而不是满足单纯的电能需求进行未来电力服务需求预测；

(3) 分析需求侧资源的成本和负荷影响；

(4) 分析供应侧资源的成本和负荷影响；

(5) 基于不同准则（例如，最小收入需求、保证适当的备用、具备满足高负荷增长的能力、保持一定的财政比率、减少电力生产对环境的影响等）设计综合资源规划；

(6) 规划的实施、监督和评估。

综合资源规划在完全实施前需要接受进一步的政策研究、财务评价和敏感性分析，这在一定程度上将改变现有资源的排列顺序，甚至将某种资源从计划中剔除。这一步可以看作考虑到本地区和国内环境的具体情况而对综合资源规划进行的调整。

第三节　综合资源规划各步骤所要解决的主要问题

根据综合资源规划实施的主要步骤：确定规划目标；预测电力需求；评估需求侧资源和供应侧资源；对筛选的资源进行综合；指导电力行业的规划和发展；确定 DSM 规划；对综合资源规划进行检测和评估。

一、确立综合资源规划目标

综合资源规划的目标应该是严格确定并可以度量的，并且能被所有的参与者理解。除了传统电力规划的目标，如维持系统可靠性水平、成本最小化、满足运行约束等，需求侧管理附加的目标还包括考虑环保的因素、满足用户用电服务要求以及广泛考虑各种资源。

度量目标的指标包括电价水平、电价增加百分比、电力公司收入要求、污染物排放水平、环境外部性成本等。

二、负荷预测

负荷预测是在规划期内对系统最大负荷、负荷特性和用电量等需求的估计。负荷预测是配电网规划的基础和核心，也是整个资源规划中的重点和难点所在。目前，国内外关于负荷预测的理论及方法很多，大致分为经典预测方法和现代预测方法。经典预测方法包括指数平滑法、负荷密度法、时间序列法和回归模型法等；现代预测方法包括灰色数学理论、专家系统方法、神经网络预测、模糊负荷预测等。

综合资源规划的负荷预测，在考虑采取适当的 DSM 计划后，对预测的负荷大小和曲线形状会有较大影响。为此首先要做出基本的负荷预测，然后根据 DSM 措施，如改进能效、燃料替代、移峰和利用非电力公司发电能力等做出新的负荷预测。为了完成资源综合和量化需求侧管理措施，需要采用一个详细的终端法和计量经济法相结合的预测技术，并且预测中应该清楚一些主要因素对电力消费的影响。政府效率标准和需求侧管理计划、电力公司目前和以前已采用的 DSM 措施、燃料价格和电力价格变化的市场条件等，这些细节是保证预测能够合理说明由不同因素而引起的能源效率变化的重要原因。

三、供应侧措施评估

供应侧资源的识别与筛选在传统电力规划和综合资源规划中对扩容计划分析都是以最小成本满足电力容量供应的。扩容计划中的成本准则是收入需求，收入需求必须能够补偿电力公司所有的成本，并且能给投资者可接受的回报。

为了反映资金的时间价值，未来的投资必须折算成现值，并且要按照各自的长期边际成本进行比较。因为不同资源的增量大小不同，为了进行比较，边际成本要标准化为边际电量成本和边际容量成本。边际电量成本和边际容量成本之比取决于资源的处理程度，通过容量因子进行反映，容量因子与负荷因子有关，负荷因子度量的变化率，可以通过负荷持续曲线进行估算。这些概念在传统电力规划和综合资源规划中都会用到。

规划者在了解了边际成本是关于容量因子和负荷因子的函数后，可通过筛选潜在的供应侧资源形成最小成本扩容计划满足预测需求。综合资源规划中供应侧资源的范围比传统的电力规划大得多，除了传统电力规划的火电、水电等供应资源，还包括太阳能、风能、生物质能等可再生资源。资源评估的方法多种多样，可以考虑依据成本和污染排放率进行综合排列。对污染排放程度的评估计算方法包括将排污收费或外部性价值转换为可用货币计量的成本。

供应侧措施评估所用模型可按照以下方法分类：

(1) 侧重于系统的运行参数，据此可分为时序性模型（该模型在给定约束条件下根据“小时”负荷选出系统最经济的调度方案）和有效负荷持续曲线模型（该模型采用“小时”的时间增量来模拟时间资源约束）。

(2) 侧重于特定能力，据此可分为多区模型（该模型在规划中直接考虑电力联网运行问题）和装机计划模型（该模型依据候选措施和约束条件来选择新的供应资源）。

四、需求侧措施评估

在现阶段我国人均能源资源匮乏、能效低、环境污染严重的形势下，把 DSM 资源作为一种资源合理纳入综合资源规划中，不仅是缓解当前电力供应紧张的有效办法，也是适应经济快速增长、保证电力行业健康发展的战略措施；对于全面落实科学发展观，建设资源节约型社会，促进经济、社会的可持续发展也具有重大战略意义。

需求侧管理项目的实施可以使社会、发电企业、电网公司和电力用户等多方受益。对社会而言，DSM 的实施可以减少一次能源的消耗和污染物的排放，缓解环境的压力，降低社会成本；还可以降低高峰负荷增长，平衡电网负荷，在供应侧减少电厂建设等电力建设投资；DSM 的实施还可减少电力需求，尤其在电力供应紧张时期，通过开展有效的 DSM 措施可以帮助缓解电力供需矛盾，稳定社会用电秩序，保障社会经济的正常运行。对发电企业而言，实施 DSM 可以提高发电设备利用率，缓解发电机组调峰压力，减少发电机组启停频率，降低发电成本及发电煤耗。对于电网公司而言，DSM 可以减少输配电损失，缓解高峰时段电网调峰的压力，提高供电可靠性和服务水平，特别是在电力供需形势紧张的情况下，DSM 可以大大缓解拉闸限电的压力。对电力用户而言，DSM 的实施可以使用户合理用电，降低单位条件下的用电成本。

需求侧管理的内容包括负荷管理、新技术措施、战略性节能措施、设备自动化更新、用户侧发电以及电价和市场机制调整，等等。需求侧管理的主要手段有经济手段、行政手段和技术手段。DSM 技术手段的核心主要表现在两个方面：一是针对终端用电部门及主要用电设施，如何采用有效的节电新技术和新设备来改进或取代原有的用电设施，提高其电能的利用效率；二是如何加强电力的负荷管理，削峰填谷，改变用电负荷曲线，提高用电的合理性和有效性。DSM 技术手段包括削峰或错峰（错开高峰时段和枯水期用电，调整不同用户的高峰用电时间或作业程序等）、填谷（分时电价、电蓄能等）、绿色节能（“绿色”电器、隔热材料等）、可中断负荷、战略性负荷增长（宏观调控；开发新设备，如电动汽车、专用蓄电池；淘汰低效率的其他能源设备等），等等。

需求侧措施的实施要求参与各方（电力公司、用户、社会）都能受益，所以在措施制定之前需要根据规划目标和约束选择适合的终端和技术，在此基础上对需求侧管理进行评估。通过筛选措施会形成一组需求侧资源组合，要合理考虑各种需求侧措施的运行约束条件的出力情况，与经过筛选的供应侧资源进行组合。

五、资源优化组合

所谓资源优化组合是将需求侧和供应侧进行优化，形成一个与计划目标相一致的最小成本资源组合。计划目标包括满足计划期内电力服务的要求，满足系统约束条件；成本最小化；根据各种情形制订灵活的计划等。这一步工作包括详细说明资源的比较基准，研究和形成达到不同目标而设计的各种资源组合；对不确定性的明确处理；保证分析结果是内在一致的；给出可免电量和电力成本；仔细考虑可靠性和备用；公正处理电力环境成本等。资源综合要考虑现有资源、新资源、规划时间范围、规划地区经济和电力服务增长率、折现率以及其他经济参数、环境和外部成本值等因素。

需求侧和供应侧资源综合的基本原理是将每种资源的边际成本曲线合成一条综合边际成本曲线，这条曲线能对所有可用资源的成本效益进行排列。对于给定水平的用电需求，综合资源规划确定最低边际成本方案，在这一点上总的电量和容量都能满足需求。一些电力公司也采用存在时间先后顺序的方法来进行综合资源规划建模，首先是最优化供应侧资源选择，然后再考虑其他类型的资源，并对原来的结果进行调整。但是实践表明，同时考虑所有的资源是确定最小成本方案更有效的方法。

六、综合资源规划的实施与评估

综合资源规划的实施与评估是综合资源规划过程的最后一个环

节，包括对供应侧、需求侧资源效果进行监督和评估。对供应侧评估的内容包括通过度量强迫停运率、可用率和运行成本评估机组性能。对机组实际性能与计划性能指标进行对比，可以确定该机组与类似机组的差异以及总成本和电价产生的影响等。需求侧管理的后评估是指在需求侧管理各个方案实施一定时期以后，从经济、技术、社会、环境等多个方面出发，对整个需求侧管理项目的实施运行情况进行科学、全面的评价。

最后，对综合资源规划形成报告，报告中包括形成详细严密的行动计划。行动计划描述综合资源规划的执行时间、预算和短期内的活动、阐述如何选取供应侧和需求侧资源。

第四节　低碳经济与综合资源规划的关系

1973年第一次世界石油危机爆发后，燃料价格飞涨，美国能源界意识到单纯依靠能源供应很难满足不断增长的能源需求，还应该考虑需求侧的节约。电力需求侧管理正是为适应这一变化而兴起的新的能源管理方法。这期间，美国建立了同时将供应方和需求方两种资源，作为一个整体进行综合资源规划的新理念，对供电方案和节电方案进行了技术筛选和成本效益分析，形成了综合规划方案。第二次石油危机爆发后，更多国家开始重视电力需求侧管理的研究和应用，目前已逐渐扩散到加拿大、欧盟国家、日本、巴西等30多个国家和地区。

一、低碳经济的要求

近些年来，科学界以及各国政府已基本达成一致，认为人类活动导致地球大气层中的温室气体（尤其是二氧化碳）不断增多，气候正在发生变化。随着全球人口和经济规模的不断增长，能源使用带来的环境问题及其诱因不断地为人们所认识，不只烟雾、光化学烟雾和酸雨等的危害，大气中二氧化碳浓度升高将带来的全球气候变化，也已被确认为不争的事实。在此背景下，“碳足迹”“低碳经济”“低碳技术”“低碳发展”“低碳生活方式”“低碳社会”等一系列新概念、新政策应运而生。“低碳经济”概念已经得到社会和政府的高度认同。1992 年 5 月联合国政府间谈判委员会就气候变化问题签署《联合国气候变化框架公约》，该公约于 1994 年 3 月 21 日正式生效，这是世界上第一个为全面控制二氧化碳等温室气体排放，以应对全球气候变暖给人类经济和社会带来不利影响的国际公约，也是国际社会在应对全球气候变化问题上进行国际合作的一个基本框架。1997 年 2 月，在日本制定了《联合国气候变化框架公约》的补充条框——《京都议定书》，其目标是将大气中的温室气体含量定在一个适当的水平，进而防止剧烈的改变对人类造成伤害。

低碳经济的特征是以减少温室气体排放为目标，构筑以低能耗、低污染为基础的经济发展体系，包括低碳能源系统、低碳技术和低碳产业体系。推行低碳经济被看作避免气候发生灾难性变化、保持人类可持续发展的有效方法之一。在各类减排政策中，碳税政策因其实施较为方便且减排效果显著受到广泛关注。碳税政策以减少二氧化碳排放为目的，最早于 20 世纪 90 年代出现在北欧一些国家，现已有十多个国家引入碳税政策。碳税政策有效地减少了碳排放，降低了能源消耗，同时对节能减排技术的开发和应用起到了促进作用，通过对碳排放的约束，有利于实现社会可持续发展。

日益严重的气候变化问题和我国能源可持续发展战略，对我国提出了低碳化发展的迫切要求。我国既是“发展中的大国”，又是“人均资源拥有小国”，同时也是“资源利用低效国”。能源资源短缺、环境污染严重等问题对我国经济可持续发展提出了严峻的挑战。国际铜业协会提供的资料表明，我国能源相对缺乏，优质能源严重短缺。到2050年，我国的能源供应能力预计为30亿～37亿t标煤，但需求将超过100亿t煤，能源严重短缺，能源储备有限。同时巨大的能源消耗引起的环境污染也将制约经济的发展。而在能源严重短缺的同时，我国的能源利用率低，每万美元GDP耗标煤为18.5t，（美国为4.8t，英国为3t，德国为2.7t，日本为2.3t），远远超过发达国家标准，面临着国际竞争的压力。如何降低能源消耗，降低能源占生产成本的比重，事关提高国民经济竞争力，实现健康、持续、快速发展的大局。

国务院关于《国家应对气候变化规划（2014—2020年）》明确提出，到2020年，实现单位国内生产总值二氧化碳排放比2005年下降40%～45%。面对巨大的减排压力，如何实现我国2020年单位国内生产总值二氧化碳的减排目标？这对我国电力行业也提出了低碳发展的迫切要求，我们必须处理好可靠的能源供给、环境的可持续发展和经济的不断高效发展之间的矛盾，通过综合资源规划与智能电网的建设，集成可再生资源，降低能耗，提高效率，以促进能源的可持续发展，为人类的未来找到一条光明的出路。

二、综合资源规划的目标

在稀缺的能源约束下，节约、选择与竞争必然要成为电力能源生产与供应的关键词，国家现代化建设所推进的工商业电气化、信息化进程的加快、公众生活质量的大幅提升，使得终端能源供应环节中，电力需求的规模性、范围度和可靠性都随之发生了很大改变，电力综合资源规划不能只停留在一种概念、一种理论和一种技术上，而是要成为一种实际可用的电力规划模式。电力综合资源规划的目标是考虑整个供应侧、需求侧的利益及应满足的可靠性约束，以最低或最合理的成本并以高效、可靠的方式确定一组资源的配置来满足近期或远期消费者的能源需求，并且能够进行成本分析使效益最优化。其最终目标是使全社会成本、环境成本最小。

作为能源行业重要组成部分的电力部门，利用综合资源规划模型，对未来电力资源进行综合规划，考虑供应侧与需求侧相结合的供需资源优化组合，势必能满足节能减排，降低二氧化碳、二氧化硫等污染废气的排放要求。过去传统的电力工业规划、发展模式侧重于考虑供应侧，着眼于加强电源、电网的建设来满足用户的电力需求，这种发展模式正面临着资源和环境的约束，越来越不能适应当前的形势。而综合资源规划与电力需求侧管理从根本上改变了单纯依靠电源建设来满足电力需求增长的传统思维模式，将电力需求侧可以节约的资源也纳入规划，与供应侧资源统一优化，实现电力企业的利润最大化。

在供应侧方面，鼓励发展清洁能源发电，采取各种新技术、新工艺减少污染物排放；在电力需求侧方面，通过市场机制、政策引导、行政手段及法规等推广节能灯、高效电动机、节能变压器、变频调速设备、冰蓄冷空调、可中断负荷等，达到节能减排效果。

国外的初步实践证明，应对不断增长的电力需求，不一定必须单独依靠增加集中发电容量，而根据实施有成本效益的新能源供应方案、改善电能效率来缓解这些问题，显然是一个双赢的解决方法。

三、我国智能电网环境下综合资源规划的建设

智能电网是一个智能化的电力系统网络，能够充分利用各种能源，特别是低碳的可再生能源，依靠分布式能源系统，将能源利用效率和能源供应安全提高到一个新的水平，令环境污染和温室气体排放降低到可持续发展的水平。

（一）我国智能电网的特点

2008年，天津大学余怡鑫院士在第八届中国国际供电会议（CICED）上做了关于《建设“高级计量、高级配电管理、高级输电和资产”的自愈型智能电网》的报告，成为中国研究智能电网的开端。2009年中国能源局提出“能动电网”后，智能电网理论研究逐步成熟。互动电网是指在开放和互联的信息模式基础上，以智能电网技术为基础，通过加载系统数字设备和升级电网网络管理系统，实现发电、输电、供电、用电、客户售电、电网分级调度、综合服务等电力产业全流程的智能化、信息化、分级化互动管理。它可以整合系统中的数据，优化电网的管理，将电网提升为互动运转的全新模式，形成电网全新的服务功能，提高整个电网的可靠性、可用性和综合效率。我国“互动电能”下智能电网的新特点主要表现在以下几个方面:

(1) 自愈。对电网的运行状态进行连续的在线自我评估，并采取预防性的控制手段，及时发现、快速诊断和消除故障隐患。

(2) 坚强。电网在经受各种扰动 (故障、拓扑变更、发电和负荷的波动) 后仍能可靠运行；在自然灾害和极端气候条件下或人为的外力破坏下仍能保证电网的安全运行；具有确保信息安全的能力和防止计算机病毒破坏的能力。

(3) 适应多种电源送点需求。基于支持即插即用的统一互操作标准，通过简单的互联操作，智能电网可无缝集成各种类型、各种容量的发电与储能系统。

(4) 集成。实现电网信息的高度集成和共享，采用统一的平台和模型，实现标准化、规范化和精细化管理。

(5) 经济。支持电力市场和电力交易的有效开展，实现资源的合理配置，降低电网损耗，提高能源利用效率，为用户提供可承受电价水平的电力。

(6) 优化资产利用，提高运行效率。智能电网将提高功率因数，降低系统损耗，大力提升停电管理性能，降低投资成本和运行维护成本。

（二）智能电网对综合资源规划的影响

智能电网的目标是在实现最小的能源投入获得能源供应高效率和安全供电的同时，使污染与温室气体排放降低到地球大气与环境可以接受的程度，使用户成本和投资效益达到一种合理而有力的状态。其目标是在综合资源规划的理念下融合电网技术和信息技术，实现电网输电功能。

智能电网的规划应当是定位于综合资源规划基础上的智能电网规划。因此，综合资源规划作为智能电网建设的重点环节，其项目的推行对智能电网建设的实现具有举足轻重的作用；并且智能电网环境下推进的先进的信息、计量、通信、控制等手段对于综合资源规划也起到了促进作用。

(1) 智能电网为综合资源规划提供了先进的技术支持，为其项目的实施提供了技术保障。智能电网建立的关键技术包括集成通信、高级计量、高级电力设备等。这些关键技术的兴起为综合资源规划提供了技术支持。实现综合资源规划必须建立完善的能源信息管理系统，加强能源监测工作的规范和能源信息资源的整合，建立统一、功能齐全、分工明细、用户信息共享的能源统计监测体系。

(2) 智能电网提供了双向互动的机制支持，引导用户主动参与电力市场竞争，实现有效需求侧响应。

(3) 智能电网为综合资源规划提供了政策及资金支持，其将综合资源规划的概念引入公众的视线。目前政府机构、电网公司、发电企业、相关企业都投入大量的资金及科研力量，从而建立统一、功能齐全、分工明细、用户信息共享的能源统计监测体系。

第五节　电力发展规划战略环境评价理论基础

一、可持续发展理论

作为落实可持续发展战略的重要工具，战略环境评价（SEA）从环境角度衡量战略的可行性，并提出符合可持续发展的补救措施或替代方案，为最终的战略决策和实施提供环境依据。因此，可持续发展理论是理论研究和实施的最重要的思想理论基础。

目前，国际社会普遍接受的可持续发展的定义是1987年提出的，以布伦特兰夫人为首组成的世界环境与发展委员会在对世界重大经济、社会、资源和环境进行系统调查和研究的基础上，提出了长篇专题报告《我们共同的未来》，报告中将可持续发展定义为既满足当代人需求，又不损害后代人满足其自身需求能力的发展。可持续发展的内涵包括以下几个方面：

(1) 可持续发展鼓励经济增长，消除贫困。

(2) 可持续发展以改善和提高生活质量为目的，与社会的进步相适应。

(3) 可持续发展要与资源的承载力相协调，保持资源的持续利用。

(4) 保护、维护和改善生态环境。

(5) 经济、社会、资源、环境和人口的协调发展是实现可持续发展的基本保证。在发展的诸多相关因子中，某个因子的不适应，最终将限制总体可持续发展目标的实现。

可持续发展主要有以下特征：

(1) 公平性：这里的公平既包括了各国、各地区同代人之间的横向公平，也包括了国家之间的公平以及有限自然资源分配的公平。

(2) 持续性：人类的经济和社会发展不能超越目前所知的资源和环境的承载能力，因而对资源的开发和使用必须是有限而适当的，而环境的物理和化学承载力也是人类难于超越的，只有考虑到这样一些限制因子，才能实现可持续发展。

(3) 共同性：由于地球的整体性和人类发展的相互依存性，地球上任何地域或民族都不可能脱离地球环境而孤立地生活和发展，这也就是我们通常所说的“只有一个地球”。

(4) 协调性：社会各方面的进步、经济增长与人口增长、资源消耗、环境保护等各个因子之间的协调发展是实现可持续发展的关键。

(5) 需求性：可持续发展首先要满足所有人的基本需求，从解决基本的温饱需求到逐步的丰衣足食，使人们的生活得到逐步发展，并向所有人提供实现美好生活愿望的机会。

二、系统工程理论

系统工程理论的研究对象是社会、经济和环境这个复杂的系统，涉及经济、社会和生态环境等多方面的因素，要保证整个系统的协调发展，需要从全局出发解决问题。系统工程的基本思想就是从全局出发来考虑局部，并处理好各个局部之间的关系，它克服了以往单一地从某一部门着眼或从某一单一目标、单一因素来考虑的缺点，能从综合管理的角度，比较正确地处理好系统复杂的空间结构，以取得最大的系统整体效益。系统工程通常使用最优化技术，通过对一个系统的各个方面进行认真的分析与探讨之后，建立与之相关的数学模型，以便对其进行定量分析。

系统工程在实际应用中，逐步形成了一套成熟的分析方法，主要有以下三种：

①内部条件与外部环境相结合进行综合分析。因为在实践中，环境的变化往往对所要考察系统的运作产生很大的影响。

②局部与整体相结合进行综合分析。一个系统往往由许多子系统组成，应从局部和整体相结合的角度来对系统进行综合分析。

③定性分析与定量分析相结合进行综合分析。在现实经济生活中，有些指标是可以用数量表示的，有些则不能用数量来表示，只有通过“定性—定量—定性”的反复循环过程，才能达到系统优化的目的。

三、循环经济理论

循环经济的定义很多，根据我国颁布的《中华人民共和国清洁生产促进法》，循环经济本质上属于一种生态经济，这种生态经济不仅指大自然的生态，还指经济和社会运作过程中的生态理念，即把生态学理论移植到工业和社会发展中，依此来管理经济。也就是说管理经济运用生态学规律来指导人类社会的经济活动，并以“3R”原则为社会经济活动的行为准则，这与以前的线性经济是完全不同的。运用生态学规律把经济活动组织成一个“资源—产品—再生资源—产品”的反馈式流程，这有利于实现“低开采、高利用、低排放”，最大限度地利用进入系统的物质和能量，提高资源利用率，最大限度地减少污染物的排放，提高经济运行质量和效益。

传统经济是“资源—产品—污染排放”单向流动的线性经济，是“高开采、低利用、高排放”的，它对资源的利用是粗放的。循环经济是“资源—产品—再生资源”的反馈式流程，是“低开采、高利用、低排放”的，所有的物质和能量都处于这个不间断的经济循环中，并得到合理和持久的利用。循环经济的主要特征可以从以下五个方面考虑：循环经济发展的主线是生态工业链；循环经济发展的载体是生态工业园；循环经济发展的重要手段是清洁生产；节能降耗是循环经济发展的内在要求；而我们发展循环经济的根本目标则是实现可持续发展。

四、环境经济学理论

如何正确处理好发展经济和保护环境这二者之间的关系，已成为当今国际社会和世人普遍关注的重大问题。21世纪以来的实践证明，由于人类对资源的过度开发，造成全球的生态环境恶化，在一定范围内给人类带来灾难，甚至埋下潜在危机。

环境经济学是一门研究环境与社会经济协调发展理论、方法和政策手段的综合性边缘学科。在发达国家，环境经济学已有三十多年的研究历史，而在我国只有十多年的研究历史。环境问题归根到底就是如何取得环境与经济之间的协调发展，最终实现社会、经济与环境的可持续发展。其核心工作就是为战略方案的优化提供环境依据并提出环境影响减缓措施，而环境优选的基础性工作之一就是进行环境影响的经济分析。因此，环境经济学理论对战略环境评价（SEA）工作的开展具有理论指导作用。

环境资源的商品性是环境经济学中的一个最基本的概念。在人们的传统观念中，环境资源是大自然对人类的恩赐，取之不尽，用之不竭，是没有价值的。人类对环境资源的开发和利用是掠夺性的、没有节制的。随着地球人口的日益膨胀，社会化大生产规模的急剧扩大，环境资源的有限性表现得日益突出。环境经济学的研究认为，环境资源是一个“量”和“质”的统一体。从“量”的方面来看，有些环境资源，如水、空气等，是可再生资源，但从“质”的方面来看，人类生存的环境虽有一定的自净能力，但毕竟是有限的。当排放的污染物超过环境的自净能力，即超过环境的容量时，就会造成对环境资源“质”的损害，我们通常称之为环境污染。

第五章

低碳经济下的电力规划相关理论和方法

第一节 低碳经济

自20世纪90年代以来，就有很多关于我国电力部节能减排的研究，电力是一个投资密集和一次性能源消耗很大的行业，它对国民经济的发展有着巨大的影响，电力规划的失误会给国家建设带来不可弥补的损失；反之，合理的规划方案可以带来巨大的经济效益。

随着我国经济的快速发展，能源与电力需求也快速增长，节能减排是实现我国可持续发展的关键。由温室气体的大量排放所引起的全球气候变化是人类迄今为止面临的最为严重的全球性环境问题。我国是二氧化碳排放大国，年排放量在60 t左右，约占全球总量的28%。因此发展低碳经济成为共识，低碳概念将渗透到各个行业，电力行业通过综合规划，制定有效的措施，从而促进电力行业的低碳发展。

一、低碳经济的概念及提出

低碳经济是以“低能耗、低污染、低排放”为基础的经济模式，是人类社会继农业文明、工业文明之后的又一次重大进步。低碳经济实质是能源高效利用、清洁能源开发和追求绿色国内生产总值，核心是能源技术和减排技术创新、产业结构和制度创新以及人类生存发展观念的根本性转变。

低碳经济是在全球气候变暖给人类生存和发展带来严峻挑战的大背景下提出的，地球生态警戒线是大气地表温升2℃，一旦超过

2℃，全球变暖将无法控制。依现实的发展趋势来看，2050年地表温升将达到2℃。随着全球人口和经济规模的不断增长，能源使用带来的环境问题及其诱因不断地为人们所认识，大气中二氧化碳浓度升高带来的全球气候变化已被确认为不争的事实。

二、我国政府高度重视低碳能源开发

党中央、国务院高度重视清洁能源发展问题，党的十八大报告中强调，要发展清洁能源，建设科学合理的能源资源利用体系，要大为开发低碳技术，推广高效节能技术，积极发展新能源和可再生能源，加强智能电网建设。我国政府制定《中国应对气候变化国家方案》，提出通过大力发展可再生能源、积极推进核电建设等措施，提高清洁能源在一次能源供应中的比重。

在2009年召开的哥本哈根联合国气候大会上，中国政府承诺：2020年非石化能源将占一次能源消费的15%左右，2020年单位国内生产总值二氧化碳排放比2005年下降40%～45%。

三、国内外碳市场的发展

气候变化关系人类的生存环境和各国的发展，国际社会为应对气候变化，在1997年通过了《联合国气候变化框架公约》下的《京都议定书》，它是第一个对成员国分配强制性温室气体减排指标的国际法律文件，碳交易机制随之诞生。经过十几年的探索和发展，在全球范围内形成了较为完善的交易机制，推进了碳交易市场的不断扩大。但是由于碳交易还没有统一的国际碳排放权交易市场，加上供求关系和世界经济形势等因素的影响，碳价格涨跌幅度巨大。

对于我国碳市场的发展而言，早在1993年1月就批准了《联合国气候变化框架公约》，2002年核准《京都议定书》，2007年正式发布了《中国应对气候变化国家方案》，明确提出到2020年中国单位国内生产总值二氧化碳排放量比2005年下降40%～45%，为了实现这一目标，高效率和高效益的碳市场机制逐步建立并发展起来。2008年北京环境交易所、上海环境能源交易所和天津排放权交易所相继成立，标志着我国开始利用市场手段来解决环境和气候变化问题。据荷兰尼德兰环境评估机构的报告，2006年我国的二氧化碳排放量已经超过美国，成为世界上第一大温室气体排放国，这就意味着我国拥有极其丰富的碳排放资源，从而为碳市场创造了巨大的减排额度。

第二节　低碳经济对电力工业的影响

一、对电力需求的影响

低碳经济首先会影响到电力需求，需求总量不降，仅靠效率的提高不可能实现低碳经济。2006年我国国内生产总值总量占世界经济总量的5.5%左右，但为此消耗的煤炭、钢材、水泥分别占世界消耗总量的15%、30%、54%，我国现在每百万美元国内生产总值所消耗的能源分别是美国的3倍、德国的5倍、日本的6倍。因此，需求总量的下降是必然的。低碳电力技术的支持使得需求响应的发展更加顺利，它秉承安全、可靠、清洁、高效及互动的原则，从而实现电力系统的资源优化配置，降低系统运行对环境的影响，通过电力用户自身优化用电计划，以最低的价格购入最少的电量，从而满足自身用电需求，最大限度节约资源，这就是低碳效益的体现，电力用户受经济利益驱使，自觉进入低碳的用电模式。

低碳经济也将影响到电力需求的分布和结构。目前我国用电构成中第二产业占全社会用电量的70%以上，且近几年上升趋势明显，工业用电量占全社会用电量的结构比重呈现逐年提高趋势。第二产业用电贡献率持续提高，重工业化趋势更加明显。而美国、日本、德国等国家第二产业的用电比重普遍在40%左右，这样的增长方式显然不符合低碳经济的发展方向。

二、对电力供应的影响

低碳经济的特点要求电力供应要进一步提高效率和减少化石燃料电源比重，特别是要降低燃煤电厂的比重，取而代之为核电、水电和各种可再生能源、分布式发电等，因此必须加大可再生能源的开发利用。

低碳经济条件下的电力供应，也将更加智能，通过最先进的监测手段，更加经济化地协调机组的发电量，提高资产的利用效率，刺激分布式电源以及储能技术的开发应用，倡导能源的高效利用、减少损耗、杜绝浪费的低碳经济理念。并且可在电力市场中引入碳交易机制，为每个生产企业分配一定量的排放指标，各个二氧化碳排放单位可以根据实际二氧化碳的排放量和排放额度来交易排放指标，这种形式有利于低碳、减碳进程的加快。

三、对电力规划和发展的影响

大力推行低碳经济是我国经济发展的必由之路，低碳经济对电网规划方面的影响也是巨大的，深刻地影响到新能源比重、核电发展、水资源利用、智能电网发展、电力装备制造业等多方面的发展。

①负荷总量的变化。因低碳发展引起全国负荷总量大小的变化，将影响电网的规模和结构。②负荷分布的变化。负荷分布指的是负荷在各个区域电网的分布，低碳经济的发展要求缩小东西部差距，缩小城乡差距，坚持科学可持续发展。③负荷结构的变化。进一步发展低碳经济，必然带来第二产业用电量占比下降，带来经济

结构的变革，第三产业用电量占比将迅速提高，负荷分布将趋于分散。④煤电减少，其他清洁能源比例提高。煤电在我国电源总量中一直占70%以上，推行低碳经济，势必将减少煤电的占比，增加水电、风电、核电等清洁能源发电的投入，从而改变各能源发电份额，影响电力规划和发展。

第三节　低碳经济对电源规划的影响

电源规划的本质是为满足国民经济发展对电力的需求，应根据负荷预测的结果，以及一定的技术和经济指标，确定最优的电源建设计划。在低碳经济下，电源规划所涉及的需求、经济和技术三个方面增加了新的内涵。

需求方面：低碳经济改变了社会生产和生活的方式，新型的低碳负荷随之出现，电网的负荷特性将发生极大改变。因此，在进行电源规划时，除了考虑传统负荷的需求外，还必须结合规划区域的发展形势，充分考虑出现的新型低碳负荷及负荷特性的变化，避免规划电力的不足。

经济方面：发展低碳经济的关键是实行“总量管制与排放交易”，即分配碳排放权和建立碳市场。碳排放权的分配，使得发电企业在生产过程中受到二氧化碳排放量的制约，转而在电源规划过程中考虑建设火电厂存在的二氧化碳长期排放问题以及相应的二氧化碳排放成本，通过调整电源结构实现二氧化碳减排。碳市场的建立，使得发电企业能够根据自身碳排放量的实际情况买卖碳排放权，或避免二氧化碳超量排放的罚金，或得到二氧化碳减排的收益。因此，在电源规划中必须综合考虑低碳效益，以避免规划方案在后续生产中带来的附加碳排放成本。

技术方面：传统的电源规划主要以火电和水电为主。在低碳经济下，发展清洁能源是必然的趋势，也符合国家能源结构调整的宏观政策。因此，清洁能源发电成为电源规划中必须考虑的重要因素。此外，由于火力发电仍为我国主要的电力生产方式，以整体煤气化联合循环发电系统（IGCC）为代表的“清洁煤”发电技术和 CCS 技术也成为电源侧二氧化碳减排的重要手段。需要说明的是，本书中的清洁能源主要针对风电、光伏发电、生物质发电、小水电、海洋能发电和核电；化石类能源以火电为主，还包括天然气发电；而水电主要指大电，暂不作为清洁能源的考察对象。

上述变化使得原有的电源规划包括以总投资费用最小为目标函数的电源规划、考虑需求侧管理的电源规划、考虑环境保护的电源规划、考虑电力市场的电源规划和考虑分布式电源的电源规划。原有的电源规划无法或只能部分满足发展低碳经济的要求，而现有的基于低碳经济的电源规划并没有充分考虑碳排放权分配机制的影响。因此，必须在全面分析低碳因素的基础上，研究低碳经济下的电源规划。

一、电源规划中的低碳因素

由电源规划涉及的需求、经济和技术三个方面在低碳经济下的变化可知，影响电源规划的低碳因素主要分为低碳负荷、低碳政策、低碳市场和低碳技术。低碳市场、低碳政策和低碳技术构成电源规划中新的经济和技术指标，直接改变电源规划的模型；而低碳负荷(包括低碳经济下出现的新型负荷和负荷特性的变化）通过电力负荷预测间接影响电源规划方案的形成，不直接作用于电源规划模型。因此，本节重点研究低碳政策、低碳市场和低碳技术三个低碳因素对电源规划建模及策略的影响。

二、低碳经济下的电源规划模式

低碳经济下的电源规划与现有电源规划的区别关键在于低碳因素。根据对低碳因素的分析：发电企业按分配机制获得碳排放权，并根据实际的二氧化碳排放情况，通过碳市场中国际排放贸易（ET）机制卖出 / 买入盈 / 缺的碳排放权；发电企业采用低碳电力技术开发清洁发电项目获得相应的核证减排量（CERS），通过碳市场中清洁发展（CDM）机制卖出。这两部分碳交易共同形成低碳效益，并与低碳政策中的二氧化碳超量排放罚金及应用低碳技术的相关费用，共同加入传统电源规划的目标函数，形成低碳经济下电源规划的目标函数。同时，低碳政策中的二氧化碳强制减排和碳排放权分配机制共同形成低碳约束条件，加入传统电源规划的约束条件组，引导电源规划最终达到二氧化碳减排的目标。

第四节　低碳经济下的电源规划模型

电源规划的目标是根据某一时期预测的负荷需求，在满足一定可靠性水平的前提下寻求一个最经济的电源开发方案，确定何时、何地投建何种类型、何种规模的发电机组。电源规划是电力系统发展中战略布局的第一步。因此，国内外众多的专家和学者对其进行了深入研究。在不同的发展时期，根据所考虑的规划目标和约束条件的不同，电源规划模型主要分为以下四类。

一、传统的电源规划模型及其改进

传统的电源规划模型一般以系统总投资费用最小为目标函数，总投资费用由固定成本和可变成本组成。固定成本与发电机组容量有关；可变成本与发电机组的实际输出功率有关，主要考虑发电厂的燃料费用。在实践过程中，往往会根据不同情况对传统的电源规划模型加以改进，使其更符合实际需要。

二、考虑需求侧管理的电源规划模型

考虑需求侧管理的电源规划彻底改变了传统的单纯依靠电源容量扩大来被动地满足电力需求的模式，将电源规划问题从电能供应者的角度转换到电能使用者的角度。

三、考虑电力市场的电源规划模型

在电力市场环境下，发电侧存在多个相互独立的发电企业，其投资决策都是以电厂投资者的利益最大化为前提的。因此，在考虑电力市场的情况下，传统的基于总费用最小的电源规划模型不能满足其要求。目前，解决电力市场环境下发电投资决策问题的方法大致归为三类，即基于传统优化算法的方法；基于实物期权理论的方法：基于博弈论的方法。

四、基于低碳经济的电源规划模型

目前国内外在低碳电源规划方面的研究还处于起步阶段。研究面向基于低碳经济的电源规划，对实施低碳电源规划的关键技术进行了深入研究，并分析了我国电力行业在不同的低碳要素场景下实施电源规划的前景与碳排放特性，综合考虑了火电厂 CCS 技术改造所增加的成本、电力技术进步引起的投资成本下降、参与碳配额交易和清洁发电项目获取的低碳收益等因素。

电力系统的二氧化碳排放主要集中在电源侧，碳排放权的分配机制和所分配的碳排放权直接作用于最终规划方案，是电源规划中的关键因素。但是，目前的相关研究都没有涉及碳排放权的分配机制对电源规划的影响，仅是单纯地设定二氧化碳减排目标作为考核指标，没有充分考虑碳排放权的分配在电源规划中的作用。

第五节　低碳经济下的规划算法

电源规划的实质是求解一个高维数、强随机性和非线性的最优排序问题。电源规划的优化算法大致可归为下三类。

一、分解协调算法

分解协调算法是以某种方式将大系统分解成若干小系统进行处理的方法。该方法可以缩小求解问题的规模，便于进行并行处理。利用分解协调技术将电源规划问题分解为低碳经济下投资决策和生产优化两个子部分，并分别采用不同的优化技术进行求解，有效地提高了计算效率。其中，Benders 分解法是常用的分解技术。

二、启发式算法

启发式算法是针对具体的数学模型，在求解过程中对严格的算法做一些简化或者设计一些能够接近最优解的实用算法。这种算法没有严格的理论依据，在数学上不能严格证明其收敛性或最优性，在使用过程中往往与其他方法相结合。

三、数学优化算法

数学优化算法具有严格的理论依据，可以保证理论上的全局最优，但是求解条件苛刻、计算量大、实用性差，在使用过程中必须进行大量简化。数学优化算法主要有以下几种：

①线性规划算法，即在满足线性约束条件组的前提下，求解多变量线性函数的最值。线性规划算法具有理论完整、方法成熟、计算迅速和收敛可靠等特点，故应用广泛。由于电源规划的数学模型往往具有非线性的特点，在使用线性规划算法时需要对模型进行线性化处理，而在线性化的过程中必须进行大量的复杂计算，容易产

生较大误差。

②非线性规划算法，其可以有效避免使用线性规划算法时在线性化过程中产生的误差，但是计算条件较为严格、计算过程复杂、存在收敛问题，并且难以获得全局最优解。该算法主要包括微分法、拉格朗日乘子法、二次规划法、梯度法、牛顿法和变尺度法等。

③动态规划算法，其将整个优化问题转化为一个多阶段优化序列来处理，通过合理选择各个阶段决策的集合，使整个过程的总效果达到最优化。该算法对目标函数的形态没有特殊要求，可求得全局最优解；但当状态变量过多时，所需计算量和存储容量随变量维数的增大而大幅增加，导致求解困难或无法求解。

④混合整数规划法主要包括分支定界法和割平面法等。该方法主要针对带有整数变量的规划问题，可以得到理论上的全局最优解；但是计算量大，需要采用改进措施降低问题的复杂度。

⑤智能优化算法。智能优化算法是人们受自然现象的启发，模仿自然规律求解问题的算法。智能优化算法绝大多数属于随机算法，具有原理简单、易于实现和不依赖于问题信息等优点，但普遍存在局部搜索能力弱、搜索精度不够高等问题。目前，电源规划中常用的智能优化算法主要有以下几种。

一是专家系统，其根据专家的经验和知识去除大量非可行方案。对于部分定性问题，采用这种方法求解高效方便；但是获取全面的专家知识、建立合理的知识库和设置推理规则是该方法的难点。

二是遗传算法，其是一种模拟生物进化的算法，采用基于自然选择和基因遗传机制的迭代式自适应随机搜索方法，在理论上已被证明能以很高的概率收敛到全局最优解。该算法可以根据问题的特点进行设计以实现特定目标的优化。将遗传算法引入电源规划，采用编码技术，并改进遗传算子，加强了寻优能力和提高了计算速度。

三是粒子群算法，其模拟鸟群的捕食行为，属于群体智能优化算法。每只鸟代表搜索空间中的一个解，并被表示为一个粒子；每个粒子有各自的位置和速度；粒子群在搜索空间中追随全局最优粒子运动，通过不断更新自身位置，实现整个粒子群体的进化。相比遗传算法中复杂的遗传操作，粒子群算法的位置更新操作更为简便。将其他算法与粒子群算法相结合，有效地协调了全局搜索和局部搜索能力，并加快了计算速度。根据对 POS 算法的改进，提出基于多群体协同的差分进化粒子群算法。在该算法中，主群采用结合非线性动态自适应权重的基于差分进化的粒子群算法进行寻优，从而提高局部搜索能力，并防止陷入局部最优；多个从群则采用标准的 PSO 算法，强化全局寻优能力。

为了保持从群的全局搜索能力，从群之间相互独立，且在更新低碳经济下电力系统规划研究粒子位置和速度值时，仅采用粒子自身最佳点和各自种群的最佳位置点信息；而采用 DE 算法的主群 M2 则仅采用全局最佳点信息，在与采用 PSO-AIW 的主群 M1 相互引导的同时，以较大概率逃离局部最优点。

四是蚁群算法，其根据真实蜗蚁的行为特性，通过信息素的传递实现社会经验的共享，表现出群体智能，从而将整个优化计算表现为逐群迭代的进化过程，属于群体智能优化算法。

五是优化算法，其包括模拟退火法、禁忌搜索、模糊理论、混浊算法和人工神经网络算法等。

参考文献

[1] 曾鸣 . 综合资源规划及其激励理论与应用 [M]. 北京：中国经济出版社，2000.

[2] 袁任光. 可编程序控制器（PC）应用技术与实例 [M]. 广州：华南理工大学出版社，1997.

[3] 曾鸣 . 电力市场理论及应用 [M]. 北京：中国电力出版社，2000.

[4] 王锡凡 . 电力系统规划基础 [M]. 北京：中国电力出版社，1994.

[5] 张延华，许阳明 . 高技术计算环境：MATLAB 使用指南 [M]. 北京：科学技术文献出版社，1998.

[6] 王成山，王赛一 . 市场条件下电力系统规划工作的探讨 [J]. 电力系统自动化，2005(9)：82–86.

[7] 金良俊 . 电力发展规划环保工作研究 [J]. 环境科学与技术，2006(S1)：72–74.

[8] 周篁 . 关于我国电力行业应用综合资源规划方法的探讨 [J]. 有色冶金节能，2001(6)：1–3.

[9] 曾鸣，张艳馥，王鹤，等 . 基于综合资源规划的供需资源优化组合模型 [J]. 电力系统自动化，2007(3)：24–28.

[10] 邱坤赞，朱燕群，岑可法 . 中国能源、电力与环境可持续发展的若干问题 [J]. 工业加热，2005(1)：1–5.

[11] 张文泉，高玉君. 电力技术经济学的建立与发展 [J]. 电力技术经济，2004(3)：4–7.

[12] 李善民，余鹏翼. 电力短缺、经济增长与政府规制 [J]. 经济理论与经济管理，2004(10)：12–18.

[13] 唐雨婷. 浅谈可编程控制器 PLC 的应用问题及发展趋势 [J]. 民营科技，2012(02)：124.

[14] 牛东晓，张博. 浅析 2006 年电力需求侧管理相关任务 [J]. 电力需求侧管理，2006(1)：3–5.

[15] 杜松怀，马东娜，侯志俭. 需求侧管理与综合资源规划对终端市场的影响 [J]. 农电管理，2003(9)：27–28.

[16] 张文泉，李彦斌，靳昶，等. 电力系统规划建模问题探讨 [J]. 现代电力，2002(3)：41–48.

[17] 陆海燕. 中国和其他发展中国家的综合资源规划及需求侧管理 [J]. 电力需求侧管理，2001(5)：57–59.

[18] 周安石，康重庆，洪元瑞，等. 电力工业可持续发展的统一规划模型 [J]. 电力系统自动化，2005(7)：28–32.

[19] 康重庆，相年德，夏清. 综合资源规划及其热点问题 [J]. 电网技术，1997(4)：19–24.

[20] 韩新阳，胡兆光，李敬如，等. 考虑环保因素的最小费用电源规划研究 [J]. 国际电力，2003(3)：14–17.

[21] 李小明，陈金富，段献忠，等. 电源规划模型及求解方法研究综述 [J]. 电力系统保护与控制，2006(23)：78–84.

[22] 刘挺. 电力规划中电价水平预测 [J]. 华中电力，2001(6)：27–29.

[23] 管益斌，赵翠宇. 实施需求侧管理技术对系统可靠性的影响分析 [J]. 电力自动化设备，2003(9)：63–66.

[24] 于良春，杜琼．中国电力均衡的市场机制与政府监管 [J]. 财经问题研究，2005(7)：19–25.

[25] 赵永亮，吴至复．运用系统工程理论与方法进行电力规划 [J]. 华北电力大学学报 (社会科学版)，2003(4)：39–42.

[26] 徐解宪，王复兴．英国电力改革和电力市场 [J]. 中国电力企业管理，1998(9)：44–46.

[27] 欧阳昌裕．对我国当前缺电的几点认识 [J]. 能源政策研究，2004(1)：19–27.

[28] 周安石．基于市场机制的电力系统规划理论研究 [D]. 北京：清华大学，2005.

[29] 盖其庆．电力市场化改革对电力规划的影响 [D]. 山东：山东大学，2005.